Großstadtfieber

75 Jahre THE NEW YORKER

Wilhelm-Busch-Museum Hannover
Deutsches Museum für Karikatur und kritische Grafik
15. Juli bis 10. September 2000

Stiftung Schleswig Holsteinisches Landesmuseum Schloß Gottorf
Volkskundliche Sammlungen
24. September bis 5. November 2000

Die Herausgabe des Katalogs wurde ermöglicht durch die

Gothaer
Versicherungen

Medienpartner der Ausstellung sind

NDR RADIO NIEDERSACHSEN und N3 hallo NIEDERSACHSEN

EDWARD SOREL
22. FEBRUAR/1. MÄRZ 1999 (KAT. 123)

Großstadtfieber

75 Jahre THE NEW YORKER

Herausgegeben von Gisela Vetter-Liebenow

Hatje Cantz Verlag

Leihgeber

The Library of Congress, Washington
The Museum of the City of New York
The New York Public Library
Syracuse University Art Collection,
Syracuse, New York
Wilhelm-Busch-Museum Hannover
Deutsches Museum für Karikatur
und kritische Grafik

Collection Spiesshofer, Zurzach
DePfa Gruppe Wiesbaden
Galerie Bartsch & Chariau, München
The Estate of Saul Steinberg, New York City

Benoît van Innis, Brüssel
Barry Blitt, Greenwich, Connecticut
George Booth, Stony Brook, New York
Charles Burns, Philadelphia, Pennsylvania
Ian Falconer, New York City
Lucy und Wiliam Friedman, New York City
The Rev. Suzanne Funk Colburn,
Cambridge, Massachusetts
Wolf Geyer, Stuttgart
Ana Juan, Madrid
Dorothea Knapp-Baker, Great Barrington,
Massachusetts
Edward Koren, Brookfield, Vermont
Bruce Kraus, New York City
Jacques de Loustal, Paris
M&Co, New York City
Carolyn & Thomas Marino, New York City
Lorenzo Mattotti, Paris
Rod McCall, Hillsboro, New Mexico
Frank und Barbara Peters, Corona del Mar, Kalifornien
Dr. Herbert Pfisterer, München
Michael und Virginia Ranger, Morristown, New Jersey
Monica Searle, Tourtour
Gretchen Dow Simpson, Providence, Rhode Island
Art Spiegelman, New York City
Rosemarie Thurber, South Heaven, Michigan
Mark Ulriksen, San Francisco, Kalifornien
Dr. med. Robert Weideneder, München

sowie private Leihgeber,
die ungenannt bleiben möchten.

REA IRVIN
4. SEPTEMBER 1926 (KAT. 62)

WILLIAM H. COTTON
8. JULI 1933 (KAT. 43)

Vorwort

Superlative sollten mit Vorsicht gebraucht werden. Und doch – es fällt schwer, von den Titelblättern des *New Yorker* nicht in höchsten Tönen zu schwärmen: Die satirischen Glanzlichter dieser Extra-Klasse sind wirklich einzigartig. Chas Addams und James Thurber, Saul Steinberg und Peter Arno, Helen Hokinson und Mary Petty, Ronald Searle und André François, Jean-Jacques Sempé und Art Spiegelman – nur einige Namen aus der illustren Schar von Künstlern, die seit der Gründung des Magazins 1925 für die Kunst des *New Yorker* stehen.

Eine große Bandbreite des künstlerischen Ausdrucks kennzeichnet die Titelblätter des *New Yorker* – sei es die jugendstilhafte Eleganz eines Rea Irvin oder der atmosphärische Realismus eines William H. Cotton in den dreißiger Jahren, sei es die flirrende Linienakrobatik eines Edward Sorel oder der grafisch kühle Comicstil eines Charles Burns in der Gegenwart. Charles D. Saxon, einer der bekanntesten Zeichner des Magazins in den sechziger und siebziger Jahren, hat formuliert, was für alle Titelblätter des *New Yorker* gilt: sie sind »so unterschiedlich, wie Kunstwerke es nur sein können, und doch sind alle unverkennbar vom Geist des *New Yorker* geprägt«. Die stets spannende Mischung der Künstler gehört zu den Geheimrezepten der Art Editoren des Magazins, Ermüdungserscheinungen kommen beim Betrachter gar nicht erst auf. Ebenso wichtig ist aber zugleich das ständige und erfolgreiche Bemühen der Redaktion, junge, noch nicht arrivierte Künstler für die Mitarbeit zu gewinnen. Auch heute ist man auf jede neue Ausgabe des *New Yorker* gespannt, auf ungewohnte, überraschende Titelblätter – ganz im Sinne der derzeitigen Art Editorin Françoise Mouly: »Die wöchentlichen visuellen Hits dieser 75-jährigen Institution – manchmal explosiv, nie kalkulierbar, aber immer ins Auge fallend – sind lebender Beweis für die Macht der Zeichnung ... Indem sie beweisen, dass das gedruckte Bild noch lange nicht überholt ist, behaupten sich diese Zeichnungen in einer verkabelten Welt der kurzlebigen, flüchtigen Bilder.«

Das 75-jährige Jubiläum des Magazins: für das Wilhelm-Busch-Museum willkommener Anlass, eine Auswahl aus den schönsten, besten und interessantesten Titelblättern des *New Yorker* in der umfassenden Ausstellung »Großstadtfieber« zu versammeln. Die ersten Überlegungen zu dieser Ausstellung wurden vor etwa drei Jahren, bei einem Treffen mit Lee Lorenz, langjährigem Art Editor des *New Yorker*, angestellt. Aufwendige Recherchen, manchmal geradezu detektivischer Spürsinn waren jedoch nötig, um die in zahlreichen amerikanischen und europäischen Privatsammlungen sowie in öffentlichen Institutionen verstreut aufbewahrten Titelzeichnungen ausfindig zu machen. Ausgewählt wurden schließlich 150 Arbeiten von 50 Künstlerinnen und Künstlern aus den Jahren 1925 bis 2000 – 75 Jahre Cover-Illustration. Viele Arbeiten wurden bisher selten oder nie in Ausstellungen präsentiert oder waren zumindest in Deutschland noch nicht zu sehen.

Mit dieser Ausstellung feiert das Wilhelm-Busch-Museum die Wiedereröffnung seines umgebauten, renovierten und sanierten Gebäudes und möchte sich damit den Besuchern wieder als attraktiver kultureller Anziehungspunkt in der niedersächsischen Landeshauptstadt Hannover zeigen. Im Anschluss wird die Ausstellung vom Schleswig Holsteinischen Landesmuseum Schloß Gottorf übernommen. Hier wie dort wird ein Feuerwerk satirischer Kunst geboten, ein faszinierender Spiegel des 20. Jahrhunderts – präsentiert mit Witz und Ironie, manchmal mit einem Hauch von Glamour oder mit einem Schuss Theatralik.

Gisela Vetter-Liebenow

Dank

Viele haben mitgeholfen, die Ausstellung »Großstadtfieber – 75 Jahre *The New Yorker*« im Wilhelm-Busch-Museum zu realisieren. Besonders wichtige Unterstützung erhielt ich von Lee Lorenz, der durch seine enge Verbundenheit mit vielen Künstlern des Magazins wesentlich dazu beigetragen hat, dass Exponate aus allen Epochen der 75-jährigen Geschichte des *New Yorker* gezeigt werden können. Seine intime Kenntnis der Arbeit in der Redaktion des *New Yorker* spiegelt in diesem Katalog zudem sein aufschlussreicher Essay. Die Münchner Galerie Bartsch & Chariau hat das Projekt von der ersten Stunde an mit großem Engagement begleitet. Sie hat uns nicht nur viele wertvolle Tipps gegeben, sondern auch den Kontakt zu so manchem Besitzer von Titelblättern hergestellt.

Beim *New Yorker* selbst konnten wir vor allem auf die tatkräftige Unterstützung durch die Art Editorin Françoise Mouly setzen. Ihr und ihrer Assistentin Janice Yu sowie Natalia Indrimi ist der Kontakt zu vielen jüngeren Künstlern zu verdanken, sodass dadurch auch die aktuelle Cover-Kunst in der Ausstellung gut repräsentiert ist. Christopher Shay vom Archiv des *New Yorker* hat interessante Auskünfte zur Geschichte des Magazins und zu seinen Künstlern gegeben.

Dank gilt den Künstlern, Sammlern und den öffentlichen Institutionen in den USA und Europa, die sich bereit erklärt haben, ihre Arbeiten für die Ausstellung zur Verfügung zu stellen. Besonderer Dank gilt an dieser Stelle Wolfgang und Karin Spiesshofer, aus deren umfangreicher und kostbarer Karikaturensammlung mit Schwerpunkt *The New Yorker* wir 33 Werke auswählen durften. Dank der Recherchen von Karin Spiesshofer und Sarah Duke von der Library of Congress, Washington, konnten Lücken in den Biografien einzelner Künstler geschlossen werden. Bei der Zusammenstellung der Exponate konnten wir jedoch auch auf die Sammlung des Wilhelm-Busch-Museums zurückgreifen. Dass dies möglich war, verdanken wir Rudolf Ensmann, der uns mit seiner Schenkung 1988 auch einige Zeichnungen für Titelblätter des *New Yorker* überlassen hat, sowie der Stiftung Niedersächsischer Volksbanken und Raiffeisenbanken und dem Niedersächsischen Ministerium für Wissenschaft und Kultur, die in den vergangenen Jahren den Ankauf von *New-Yorker*-Cover für unsere Sammlung kontinuierlich gefördert haben.

Die Ausstellung wird über die Präsentation im Museum hinaus durch einen Katalog dokumentiert, der zugleich die Geschichte des Magazins und seiner Inhalte spiegelt. Für die Gestaltung des Katalogs gilt unser Dank Winfried Konnertz, der diese Aufgabe für den Hatje Cantz Verlag, Ostfildern, übernommen hat. Dass wir dieses aufwendige Buchprojekt realisieren konnten, verdanken wir der großzügigen, engagierten Unterstützung durch die Gothaer Versicherung, die auch die Versicherung der Exponate sponsert. Für die Beteiligung an den Transportkosten danken wir der Lufthansa Cargo AG.

Die Präsentation der Ausstellung »Großstadtfieber« unterstützt der Norddeutsche Rundfunk, der mit NDR 1 Radio Niedersachsen und Hallo Niedersachsen Medienpartner ist. Wir hoffen, auf diese Weise besonders viele Besucher für die Ausstellung und die Arbeit des Wilhelm-Busch-Museums begeistern zu können.

Ein besonders herzlicher Dank gilt im Wilhelm-Busch-Museum Monika Herlt, die engagiert an der Realisation der Ausstellung und am Katalog mitgewirkt und souverän die Organisation des Leihverkehrs und Transports betreut hat, sowie allen anderen Mitarbeiterinnen und Mitarbeitern, die das Projekt mit ihrem Einsatz zum Erfolg führten. Ebenso herzlich möchte ich Professor Eberhard Högerle und seinen Studenten Alexander Beneke und Martin Lingnau von der Hochschule Harz danken: für einen Film über und mit den Titelblättern des *New Yorker* sowie ihre anregenden Ideen zu dessen Präsentation in der Ausstellung.

Gisela Vetter-Liebenow

Inhalt

GARDNER REA
14. FEBRUAR 1931 (KAT. 97)

REA IRVIN
19. NOVEMBER 1927 (KAT. 63)

REA IRVIN
1. JUNI 1929 (KAT. 65)

ILONKA KARASZ
7. MAI 1927 (KAT. 72)

REA IRVIN
11. MAI 1929 (KAT. 64)

HELEN HOKINSON
26. JULI 1930 (KAT. 59)

HELEN HOKINSON
13. JUNI 1931 (KAT. 60)

GARRETT PRICE
24. MÄRZ 1934 (KAT. 96)

CONSTANTIN ALAJALOV
16. JUNI 1934 (KAT. 10)

PERRY BARLOW
3. DEZEMBER 1938 (KAT. 20)

PERRY BARLOW
12. AUGUST 1939 (KAT. 21)

REA IRVIN
14. JULI 1934 (KAT. 67)

EIN BESONDERER AUGENBLICK, FLÜCHTIG WAHRGENOMMEN

Charles Saxon

Dieser Beitrag erschien 1984 unter dem Titel *A special moment, fleetingly observed* in dem Ausstellungskatalog *Seasons at The New Yorker. Six Decades of Cover Art.*

James Geraghty, über drei Jahrzehnte Art Editor beim *New Yorker*, wurde einmal gebeten, ein für das Magazin typisches Titelbild zu charakterisieren. Nach sorgfältiger Überlegung kam ihm eine Erleuchtung: »Ein *New-Yorker*-Titelbild ist eines, das mir gefällt.«

Hinter dieser Kurzfassung verbirgt sich eine entscheidende Grundeinstellung. Anders als andere Publikationen, die sich auf Markt- und Zielgruppenforschung verlassen, ist das Cover des *New Yorker* – wie übrigens auch der gesamte redaktionelle Inhalt – seit jeher ein Ergebnis dessen, was der Redaktion gefällt.

Von Harold Ross und Geraghty über William Shawn bis hin zu Art Editor Lee Lorenz gibt es keine festen Kriterien für die Wahl des Titelbilds. Die Künstler werden gebeten, ihre Entwürfe vorzustellen. Nichts wird vorgegeben, nichts reglementiert. Die Arbeiten gefallen – oder eben nicht.

Nun ist es nicht so, dass keinerlei Änderungs- oder Verbesserungswünsche laut würden. Doch die Titel zeigen im Wesentlichen den ursprünglichen Entwurf des Künstlers. Obwohl der Gründer des Magazins, Harold Ross, ein bekennender Kunstbanause, sich blendend auszudrücken verstand, waren seine hastig hingekritzelten Bildkritiken häufig rudimentär – wie die legendäre Anmerkung: »Besser machen«. Laut Geraghty war Ross eher zurückhaltend, wenn es darum ging, Kritik an einem Cover-Entwurf zu äußern. Als Geraghty gerade neu in dem Job war, ließ er sich arglos von Ross dafür einspannen, Umarbeitungswünsche an einem Titelbild von Ludwig Bemelmans vorzutragen – etwas, das Ross niemals selbst zu tun gewagt hätte. Geraghty begann nichts ahnend: »Herr Bemelmans, wir dachten, Sie könnten vielleicht eine kleine Änderung ...« Der Satz wurde nie beendet, denn Bemelmans entgegnete mit einem nachsichtigen Lächeln: »Schon gut, Jimmy«, zerriss seinen Entwurf und ging.

Heutzutage akzeptieren Künstler für gewöhnlich, dass die von ihnen entworfenen Titelbilder modifiziert werden, doch Konzept und Ausführung bleiben in ihrer Hand. Ich hatte das große Glück, sowohl mit Geraghty als auch mit Lorenz zu arbeiten. Ihnen brachte ich an unzähligen Dienstagen meine Entwürfe und Titelbilder in die schäbigen Räume der Redaktion im 20. Stock, sodass dieses lieb gewonnene Ritual zum wöchentlichen Höhepunkt meines Lebens geworden war. Lorenz, selbst ein begnadeter Cartoonist, fällt es leicht, sich mit den Künstlern in ihrer Sprache zu verständigen. Geraghty war eher wie Ross. Ich erinnere mich noch daran, wie er meine Bilder betrachtete, sich nachdenklich das Kinn rieb, zur Decke sah und den Blick wieder zu meinem Bild zurück wandern ließ. Schließlich räusperte er sich und fragte: »Darf ich etwas sagen?«

»Nun, ja«, antwortete ich. Geraghty wusste nur zu gut, dass ich gerade die 45 Meilen von Connecticut gefahren war, weil ich wollte, dass er etwas sagte. Es folgten eine Reihe unverständlicher Laute, ein Finger, der auf die Zeichnung wies, angefangene und wieder abgebrochene Sätze. Schließlich, um die Stille zu durchbrechen, kam ich selbst mit einigen Überarbeitungsvorschlägen, und wir einigten uns auf die Änderungen, die er von sich aus nicht hatte ansprechen wollen. So unterschiedlich Lorenz und Geraghty auch mit dieser stets wiederkehrenden Situation umgingen, das Ergebnis war stets das gleiche: Die Künstler lösten die Probleme.

William Steig kam meiner Ansicht nach einer Definition des *New-Yorker*-Titelbilds am nächsten. In Anspielung auf die klassisch japanische Gedichtform sagte er: »Für mich ist ein Titel wie ein Haiku – ein besonderer Augenblick, flüchtig wahrgenommen.« Ich weiß, dass Lee Lorenz diese Umschreibung zusagt, und auch ich habe sie stets im Hinterkopf.

Ich fragte Lorenz nach einer Definition, doch er winkte mit folgenden Worten ab:

> Eine Definition ist eine Art Nachruf. Unsere Titel sind, was unsere Künstler uns bringen, und ich möchte nicht, dass sie sich eingeschränkt fühlen, weder durch das, was wir bisher veröffentlicht haben, noch durch meine Zukunftsvisionen. Ich erinnere mich noch daran, wie ich zum ersten Mal Gretchen Simpsons Arbeitsmappe gesehen habe. Alles, was ihren Stil ausmachte, war in ihren Arbeiten erkennbar, doch hatte sie ihr Talent eingesetzt, um die Bilder so zu gestalten, dass sie ihrer Vorstellung von *New-Yorker*-Titeln entsprachen. Ihre Entwürfe bildeten eine Art Anthologie dessen, was wir in den letzten Jahren veröffentlicht hatten. Ich bat sie zu mir, um über ihre Arbeiten zu sprechen und schlug vor, sie sollte etwas schaffen, das für sie wichtig war, statt zu versuchen, ihre Bilder uns anzupassen. Sie ging darauf ein, und das Ergebnis waren Titelbilder, die in eine völlig neue Richtung gingen. So etwas passiert nicht, wenn man versucht, den Künstlern eigene Vorstellungen aufzuzwingen.

Lorenz fuhr fort:

> Der *New Yorker* ist ein Magazin, das man zu Hause und in Ruhe liest. Für mich sind unsere Titelbilder eher eine angenehme Bereicherung für das Wohnzimmer und weniger ein Aushängeschild für den Zeitungskiosk. Obwohl einige unserer Titelbilder die Vorlage für gelungene Poster waren, scheint es sich hierbei um eine intimere Form von Kunst zu handeln, etwas, dem man sich in einem ruhigen Moment auf Armeslänge zuwenden möchte.

Lorenz' Antwort auf den immer wieder vorgebrachten Einwand, das Magazin sei in den reichlich bestückten Presseständern der Geschäfte oft nur mit Mühe zu finden: Wer danach sucht, wird es auch finden. Doch egal ob fett oder mager, der Schriftzug ist wie bei einem Poster als Bestandteil des Ganzen in das Titelbild integriert. Die Farbauswahl für das Logo und den Erkennungsstreifen am linken Rand ist eine Kunst für sich.

Wenn ich mir die Liste der Künstler und ihre Werke ansehe, die nahezu sechzig Jahre umfassen, dann bin ich verwirrt angesichts der Bandbreite an Konzepten und der ständig neuen Überraschungen, die sich in den Beiträgen jedes einzelnen Künstlers zum Gesamtbild dieses einen Magazins finden. Viele von ihnen, wie Peter Arno, Charles Addams, William Steig, Abe Birnbaum und Arthur Getz, haben Hunderte von Titelbildern entworfen, und es finden sich Namen, die

REA IRVIN
ENTWURF FÜR DAS ERSTE TITELBILD VOM 21. FEBRUAR 1925

von Anfang an eng mit dem *New Yorker* verbunden sind und die weiterhin mit frischen, aufregenden Entwürfen begeistern.

Alle diese Künstler haben eines gemeinsam: Sie haben sich nicht dem ›Stil‹ des *New Yorker* angepasst, sondern, wie Gretchen Simpson, seinen Horizont erweitert. Die individuellen Stile, angefangen bei Rea Irvin, von dem das erste Titelbild im Februar 1925 stammt (Abb. S. 25) – die Symbolfigur Eustace Tilley, die jedes Jahr zum Geburtstag des Magazins abgedruckt wird –, über William Cotton, Mary Petty, Helen Hokinson, Saul Steinberg, Charles Martin bis hin zu Edward Koren sind so unterschiedlich, wie Kunstwerke es nur sein können, und doch sind alle unverkennbar vom Geist des *New Yorker* geprägt.

Wer sich nicht mit dem Herstellungsprozess von Magazinen auskennt, mag es vielleicht verwunderlich finden, dass Titelbilder (mit Ausnahme der Nachrichtenmagazine) bereits Wochen vor dem Erscheinungsdatum geplant und in Auftrag gegeben werden. Außerdem verfügt der *New Yorker* über eine ›Datenbank‹ mit fertigen Entwürfen zur späteren Veröffentlichung. Titel mit aktuellem Bezug sind eher selten, doch viele sind, wie in dieser Sammlung gezeigt wird, saisongebunden. Es gibt keinen festen Abgabetermin. Während ich an einer Präsidentschaftstagung teilnahm, kam mir die Idee für ein Cover, die mich so überzeugte, dass ich sie, sobald ich nach Hause kam, umsetzte und auf dem schnellsten Weg in die Redaktion brachte. Den Redakteuren gefiel der Titel, und sie kauften ihn. Veröffentlicht wurde er vier Jahre später.

Obwohl die Redakteure die Titelbilder keinen festen Kategorien zuordnen, kann man zwei generelle Gruppen erkennen. Die eine Gruppe besteht aus Titelbildern, die Alan Dunn als »kommentierende Kunst« bezeichnete. Die andere umfasst Werke mit stärker subjektivem Einschlag. Nach Dunn ist die »kommentierende Kunst« der visuelle Ausdruck einer Idee; ästhetische Aspekte spielen hier eine untergeordnete Rolle. Dies traf jedoch in keiner Weise auf Mary Petty, Dunns Ehefrau, zu, deren hinreißende Kommentare, an denen sie lange und mit Hingabe arbeitete, zu den ästhetisch anspruchsvollsten aller *New-Yorker*-Titelbilder zählen. Oder auf Edna Eicke, zweifelsfrei eine Kommentar-Künstlerin, aber sehr stark der Malerei verbunden. Für Peter Arno, dessen Entwürfe innerhalb der Gruppe wohl zu den plakativsten zählen, war stets der Zusammenhang zwischen Bild und Idee das Wichtigste, wobei für ihn das Bild an erster Stelle stand. Er war bekannt dafür, Dutzende Versionen seiner Bilder 48 Stunden lang am Stück zu entwerfen, bis er damit zufrieden war. Für Steinberg ist »kommentierende Kunst« eher ein Gehirntraining, um sich der abstrakten Ebene zu nähern. Er freut sich, wenn er danach gefragt wird, was eines seiner Bilder ›bedeutet‹, und verweigert jegliche Erläuterung. Ganz offen erklärt er indessen, dass er fasziniert ist von der Magie der einfachen Linie und ihren Veränderungen in manchmal widersprüchliche Definitionen von Raum und Vorstellung. Zu den subjektiven Künstlern zähle ich Ilonka Karasz, Arthur Getz und Charles Martin. Ihre Arbeiten sind eher Beobachtungen als Ideen, und aus dem Inhalt lässt sich weniger herauslesen. Sie sind ganz einfach schön. Und so komme ich auf Steig

E. B. WHITE
23. APRIL 1932

zurück, dessen Titelbilder sowohl subjektive als auch kommentierende Kunst sind. Während der mehr als fünfzig Jahre seiner enormen Produktivität hat Steig unzählige persönliche Stile durchlaufen. Während seine Technik immer kindlicher wurde, geriet der Inhalt zunehmend komplexer. In seinen direkten Aussagen offenbart sich *die* grundlegende Eigenschaft jeglicher bedeutender Grafik-Kunst: Anmut. Sie findet sich ebenso bei James Thurber, Ilonka Karasz, John Held jr., Chas Addams und Constantin Alajalov.

Zu meinem Bedauern entwarfen einige der besten *New-Yorker*-Cartoonisten niemals Titelbilder: Carl Rose, Sam Cobean und Richard Taylor. Von Whitney Darrow jr. stammen zwei, von George Price nur eines. Vielleicht beherzigten sie Harold Ross' Antwort auf ihre Frage, warum die Cartoons nicht in Farbe veröffentlicht würden: »Was ist an Rot witzig?«

Ein Titelseiten-Künstler war farbenblind. Perry Barlow klärte die Farben stets mit seiner Frau ab.

Und hier ein weiteres hinreißendes Stück *New-Yorker*-Geschichte: Nehmen Sie die Ausgabe vom 23. April 1932 zur Hand. Ihr Titelbild zeigt ein Seepferdchen mit einer Futtertasche um den Hals (Abb.). Es stammt von dem Schriftsteller E. B. White.

Es ist keine Kultbeschwörung, wenn man viele der *New-Yorker*-Titelbilder den herausragenden Kunstwerken Amerikas innerhalb dieser sechzig Jahre zurechnet. Kunstkritiker behandeln von jeher die so genannte kommerzielle Kunst wie ein Stiefkind der schönen Künste und legen ihr Hauptaugenmerk (wohlwollend oder ablehnend) auf das, was für sie reine Kreativität ist. Ohne einen bestimmten Zweck damit zu verfolgen, möchte ich an dieser Stelle darauf hinweisen, dass es sich, bei den Höhlenzeichnungen angefangen über die minoische, ägyptische und griechische Kunst bis zur Renaissance (um nur ein paar zu nennen), um die Arbeiten von Künstlern handelt, die mit ihren Werken die eine oder andere Form von Auftrag erfüllten. Ich fiebere dem Tag entgegen, an dem etliche der *New-Yorker*-Titelbilder in großen Museen zu sehen sein werden, so wie sie schon überall auf der Welt den Weg in bedeutende Privatsammlungen gefunden haben. Die Nicholls Gallery hat sich auf die Originalwerke von *New-Yorker*-Künstlern spezialisiert; andere Künstler sind in Einzelausstellungen vertreten.

Sein eigenes Werk auf der Titelseite des *New Yorker* veröffentlicht zu sehen, ist ein berauschendes Gefühl. (Allein das Logo, über den Kopf des Bildes gelegt, verleiht bereits Eleganz.) Dies bleibt der Traum vieler ansonsten erfolgreicher und berühmter Künstler, auch wenn nicht alle das zugeben würden. Manch einer bringt ein Titelbild beim *New Yorker* unter und stellt sich auf eine regelmäßige Mitarbeit ein, um dann feststellen zu müssen, dass es für mehr als ein Titelbild nicht reicht. Andere steigen auf halbem Wege aus. Daniel Alain warf das Handtuch und ging zurück nach Frankreich. Edna Eicke hörte einfach auf. Einige Jahre später rief der Art Director einer Werbeagentur sie an und fragte, ob sie eine Anzeige im Stil einer ihrer *New-Yorker*-Titelbilder entwerfen könnte. »Wenn ich einen meiner *New-Yorker*-Titel entwerfen könnte, dann würde ich es für den *New Yorker* tun«, gab sie zur Antwort.

Wie alle Menschen in kreativen Berufen sind auch die Mitarbeiter des *New Yorker* besorgt darum, dass der Quell eines Tages versiegen könnte. Doch irgendwie herrscht dort unten ständig Bewegung, und stets sorgt ein neuer sprudelnder Quell für Inspiration. Und der *New Yorker* erscheint weiterhin Woche für Woche mit immer neuen frischen Werken, die die Titelseite zieren.

PERRY BARLOW
28. DEZEMBER 1940 (KAT. 22)

PERRY BARLOW
18. JANUAR 1941 (KAT. 23)

PETER ARNO
26. DEZEMBER 1942 (KAT. 14)

PETER ARNO
11. MAI 1940 (KAT. 13)

LUDWIG BEMELMANS
8. APRIL 1944 (KAT. 30)

PERRY BARLOW
18. DEZEMBER 1943 (KAT. 24)

MARY PETTY
8. JULI 1944 (KAT. 91)

MARY PETTY
16. AUGUST 1941 (KAT. 90)

HELEN HOKINSON
4. MAI 1946 (KAT. 61)

MARY PETTY
31. JULI 1948 (KAT. 92)

ARTHUR GETZ
4. NOVEMBER 1950 (KAT. 57)

PERRY BARLOW
14. AUGUST 1948 (KAT. 25)

PETER ARNO
17. MÄRZ 1951 (KAT. 15)

PERRY BARLOW
26. JANUAR 1952 (KAT. 26)

PERRY BARLOW
7. JUNI 1952 (KAT. 27)

PERRY BARLOW
11. OKTOBER 1952 (KAT. 28)

MARY PETTY
10. JULI 1954 (KAT. 94)

EDNA EICKE
31. JULI 1954 (KAT. 46)

CONSTANTIN ALAJALOV
24. JULI 1954 (KAT. 11)

PERRY BARLOW
4. SEPTEMBER 1954 (KAT. 29)

EDNA EICKE
27. JULI 1957 (KAT. 47)

ANATOLE KOVARSKY
19. OKTOBER 1957 (KAT. 77)

ARTHUR GETZ
17. NOVEMBER 1956 (KAT. 58)

CHARLES ADDAMS
14. JUNI 1958 (KAT. 4)

CHARLES ADDAMS
2. FEBRUAR 1957 (KAT. 3)

ROBERT KRAUS
30. NOVEMBER 1957 (KAT. 79)

PETER ARNO
24. JANUAR 1959 (KAT. 16)

STADTGESPRÄCH – DIE NEUEN TITELBILDER DES NEW YORKER

Françoise Mouly

Als Tina Brown mir 1993 die Stelle des Art Editors beim New Yorker anbot, war ich geradezu erschrocken. Mit meinem Mann, Art Spiegelman, hatte ich *RAW* – ein preisgekröntes Avantgardemagazin mit Comics und Grafiken – herausgegeben und mitgestaltet, aber *RAW* war eindeutig ›downtown‹ und Lichtjahre von dem seit langem etablierten *New Yorker* entfernt. Tina Brown wollte jedoch das Profil des Magazins radikal ändern: Während man weiterhin auf die treuen Abonnenten setzte, sollte sich der *New Yorker* an den Zeitungskiosken profilieren, um eine neue Generation von Lesern zu gewinnen. Ich lehnte das Angebot zunächst ab, weil ich meine Unabhängigkeit nicht aufgeben wollte, doch die Herausforderung, ein Magazin mit so einer herausragenden Geschichte neu zu gestalten, war einfach zu verlockend.

Man kann ein Buch nicht anhand seines Umschlags beurteilen, bei einem Magazin jedoch wird der Charakter durch das Titelbild definiert, und der redaktionelle Inhalt muss dahinter stehen. Also blätterte ich die 3611 Titelbilder durch, die seit dem Erscheinen des *New Yorker* veröffentlicht worden sind. Das Grunddesign, ein angeschnittenes Bild mit einem schmalen, senkrechten Farbbalken an der linken Seite, stammt von Rea Irvin, dem ersten Art Director des Magazins. Seine Titelillustration für die erste Ausgabe vom 21. Februar 1925 setzte den Maßstab für den weltoffenen, großstädtischen Ton des *New Yorker* (Abb. S. 25), mit dem Erfolg, dass das Bild seither unverändert auf fast jedem ›Geburtstagsheft‹ erscheint. Ein eingebildeter Pinsel, ein Dandy, der später Eustace Tilley getauft wurde, betrachtet einen arglosen Schmetterling durch sein Monokel.

Der Gründer des Magazins, Harold Ross – ein Weststaatler, den es in die Großstadt verschlagen hatte –, wollte über das glamouröse Leben im New York des Jazz Age berichten. Er kreierte *The New Yorker* analog zu den anderen erfolgreichen humoristischen Unterhaltungsmagazinen jener Zeit, wie beispielsweise *Judge*, dessen Redaktion er einmal angehört hatte. Alsbald tummelten sich bei Ross' *New Yorker* die geistreichsten Größen der zynischen Party-Generation: Dorothy Parker, Robert Benchley, Alexander Woollcott, Franklin P. Adams und andere, die kollektiv als »Algonquin Round Table« bekannt wurden.

Für seine Darstellung des affektierten Dandys wählte Irvin eine frühviktorianische Aufmachung, die 1834 hochmodern war und die er dem Kapitel über Kostüme der *Encyclopedia Britannica* in der Ausgabe von 1912 entnahm. Es liegt nahe, dass Irvins Ironie auf die verkrustete Oberschicht der New Yorker Gesellschaft abzielte, eine Wahl, die ganz nach dem Geschmack der neuen jazzigen Kulturelite war. Aber ebenso verwies das Bild mit leisem Spott auf die eigenen intellektuellen Ambitionen des Magazins.

Charakteristisch für die ersten Jahre war eine kühne Grafik mit einer sparsamen Farbpalette – oftmals silhouettenhafte Figuren vor einem flächigen Hintergrund. Diese Cover-Zeichnungen, prägnante Beispiele für das damals vorherrschende Art Déco, sollten eine Plakatfunktion erfüllen – durch ihre Klarheit und Abstraktion wurde die Botschaft unmittelbar verstanden.

Bald schon erhielten die High-Society-Typen, die zunächst als flächige, dekorative Designelemente konzipiert waren, visuell und inhaltlich mehr Tiefe. Künstler wie Peter Arno, William Cotton, Helen Hokinson und Mary Petty verliehen ihnen Gesichtszüge und kleine Charakteristika, um sie als echte Figuren in ihre Titelbildgeschichten einzubauen. So zeigt zum Beispiel Arno auf seinem Titel der Ausgabe vom 28. Dezember 1929 eine Gruppe von Nachtschwärmern (ein typisches Motiv der frühesten Cover-Zeichnungen), nur dass hier das mittlere Paar von seinen betrunkenen Mitzechern peinlich berührt zu sein scheint (Abb.). In den dreißiger Jahren war Schluss mit lustig, obwohl der *New Yorker* auf seinen Titeln jener Zeit so gut wie gar nicht auf das Elend der Depression einging. Mit Ausnahme der Ausgabe vom 11. März 1939 mit einem Cover von Constantin Alajalov, auf dem ein Straßenhändler seine Ware zögernd einem Mann anbietet, der entsetzt im Fond seiner chauffierten Limousine zurückweicht (Abb.).

Am Ende des Zweiten Weltkriegs bewies der *New Yorker* mit seinen Kriegsreportagen – die in John Herseys Bericht über Hiroshima vom 31. August 1946 kulminierten –, dass er mehr war als eine Versammlung geistreicher Köpfe: Er hatte sich im seriösen amerikanischen Journalismus etabliert. Die Titelillustration der berühmten Hiroshima-Ausgabe zeigte nicht etwa japa-

PETER ARNO
28. DEZEMBER 1929

CONSTANTIN ALAJALOV
11. MÄRZ 1939

CHARLES E. MARTIN
31. AUGUST 1946

nische Kinder in Flammen, sondern ein dekoratives Tableau von Neu-England-Urlaubern, gezeichnet von Charles Martin (cem; Abb.).

Gut möglich, dass William Shawn, der damals Mitarbeiter der Redaktion war und Ross dazu brachte, Herseys Bericht eine ganze Nummer zu widmen, auch die Wahl des Titelbilds jener Ausgabe beeinflusste. Auf jeden Fall änderte sich unter seiner Leitung, als er Ross 1952 ablöste, der Tenor der Titelillustrationen erheblich. Als introvertierter Mensch hasste es Shawn, die Aufmerksamkeit auf sich zu ziehen. Er hatte aber eine Vision für das Magazin. Auf die wiederholten Anfragen eines Anzeigenverkäufers hin resümierte Shawn im Jahr 1983 seine Philosophie der Titelbilder des *New Yorker:*

Wir haben heute weniger humorvolle Titelbilder als früher. Sie sind eher ästhetisch und kreisen meistens um New York, seine Vororte und das Umland. Manchmal zeigen sie auch nur ein Blumen- oder Pflanzenstillleben. Sie wollen nicht spektakulär sein. An den Zeitungskiosken sollen sie nicht ins Auge springen. Ich würde sagen, sie heben sich wohltuend von allen anderen Titeln ab.

Unter Shawns Ägide lösten sich die Titelbilder vom Anekdotischen: Statt die Schrullen der oberen Mittelklasse aufzuzeigen, spiegelten sie deren ästhetische Ambitionen wider. Nicht selten zeigen sie Landschaften und Stadtansichten in zahmen Spielarten des Post-Impressionismus unter dem Einfluss von Pablo Picasso, Henri Matisse und Paul Klee. Diese ästhetisierenden Bilder fielen jedoch hinter die Arbeiten von Shawns wichtigster Entdeckung – Saul Steinberg – zurück. Steinberg, ein witziger, genialer Philosoph der Linie und des Symbols begnügte sich nicht mit einem verwässerten Modernismus – er erweiterte den Radius, indem er die amerikanische Szene bissig kommentierte.

In den siebziger und achtziger Jahren machte sich auf den Titelseiten eine eher vorstädtische Ruhe breit: Viele der Künstler waren mittlerweile aufs Land

EDWARD SOREL
5. OKTOBER 1992

gezogen. S. I. Newhouse erwarb 1985 das Magazin, und 1987 übernahm Robert Gottlieb als dritter Chefredakteur die Leitung des *New Yorker.* Gottlieb schloss sich Shawns Auffassung von Cover-Kunst an und bereicherte den visuellen Mix durch eine surrealistisch angehauchte Bildsprache. Als Tina Brown 1992 die Chefredaktion übernahm, bespöttelten einige Kritiker das Magazin als die Verkörperung von Eustace Tilley, eben jenes aufgetakelten Dandys, über den Irvin sich einst selbstkritisch mokiert hatte.

Tina Brown engagierte drei neue Künstler für das Magazin: Richard Avedon (er wurde der erste Fotograf des *New Yorker*), Edward Sorel und Art Spiegelman. Die neue Ära des Magazins wurde am 5. Oktober 1992 mit einem programmatischen Titelbild eingeläutet: Sorels Cartoon zeigt einen in Leder gekleideten Punk, der sich in einer traditionellen Kutsche durch den Central Park fahren lässt (Abb. S. 57). Dieses Cover war eine Warnung an die Upper-East-Side-Aristokratie, dass sie mit einer neuen Generation von kulturellen Machern zu rechnen hatte. Spiegelmans Valentinstag-Titel vom 15. Februar 1993 machte diese Drohung unmissverständlich klar: Es zeigte eine Schwarze und einen chassidischen Juden in liebevoller Umarmung (Abb.). Und das zu einem Zeitpunkt, da die Zeitungen voll waren von den erbitterten Kämpfen zwischen den schwarzen und chassidischen Gemeinden von Crown Heights in Brooklyn. Das Titelbild wurde in sämtlichen Medien diskutiert und teilweise verrissen. Einige erboste Leser drohten, ihr Abonnement zu kündigen, und bei Dinnerpartys in der ganzen Stadt (wie auch in der Redaktion des *New Yorker*) bot das Cover reichlich Zündstoff für hitzige Debatten. Das ehrwürdige Magazin, einst höflich, kultiviert und diskret, hatte einen Sturm entfacht. Spiegelmans vielschichtiger, respektloser und ironischer Titel traf genau jenen kritischen Ton, den Tina Brown für ihr Magazin anstrebte. Kurz darauf bot sie mir die Stelle in der Redaktion an.

Beim Kramen in der Geschichte des *New Yorker* faszinierte mich die dekorative Qualität der Cover der zwanziger Jahre; ihre plakative Direktheit ist ein wahres Schulbeispiel dafür, wie sich ein Bild unter Tausenden von rivalisierenden Zeitschriften sofort durchsetzt. Der auf Shawns Titelbildern kultivierte Einfluss der ›hohen‹ Künste wiederum beweist, wie man Bilder schafft, die auf Millionen Couchtischen kritischer Betrachtung standhalten müssen. Die Titel des *New Yorker* in den postmodernen neunziger Jahren spiegelten ein breites Spektrum an künstlerischen Ausdrucksweisen und Stilen wider.

Es waren aber stets die Geschichten erzählenden Cover, die einem wieder belebten *New Yorker* die besten Möglichkeiten boten – wie William Cottons Matrone, die beim Abgrasen der Kultur in einem Kunstmuseum erschöpft auf eine Bank sinkt (19. September 1936; Abb.) oder William Steigs Valentinstag-Titel vom 15. Februar 1936, auf dem ein frühreifer Schuljunge eine elegante junge Frau anschmachtet (Abb.). Solche Titel sind immer noch Momentaufnahmen dessen, was den kultivierten, weltgewandten Stadtmenschen bewegt, seiner Einstellungen und Vorurteile, seiner Manieriertheit und Späße. Ich wollte eine Folge von Bildern, die, wenn man sie später einmal aus einem anderen Blickwinkel betrachtet, ein Porträt unserer heu-

ART SPIEGELMAN
15. FEBRUAR 1993

WILLIAM H. COTTON
19. SEPTEMBER 1936

WILLIAM STEIG
15. FEBRUAR 1936

tigen Gesellschaft bieten, bei dem all unsere Schrullen und Eigenarten sichtbar werden.

Die Künstler des *New Yorker* haben die Freiheit – ja beinahe den Auftrag –, ihre Meinung zu äußern. Da dieses Magazin die letzte auflagenstarke Publikation mit eigenständigen Titelbildern ist (andere Magazintitel bestehen nur noch aus einem Wust von Anreißern über einem großformatigen Foto, weil die Wahl des Titels von der Titelgeschichte diktiert wird), bietet es die einzige Plattform für derartige Bilder. Deswegen muss auch ein ständiger Dialog mit einem festen Künstlerteam gepflegt werden. Einige wie Edward Sorel, Jean-Jacques Sempé, Barry Blitt und Art Spiegelman sind in erster Linie Cartoonisten. Andere wie Mark Ulriksen, Lorenzo Mattotti und Anita Kunz sind vorrangig Illustratoren. Wieder andere, etwa William Joyce und Maira Kalman, sind Kinderbuchautoren. Diese Künstler haben jedoch alle eines gemeinsam: Sie wissen, wie man eine Pointe präzise und anschaulich setzt. Was Woche für Woche publiziert wird, ist das sorgfältige Destillat der besten Ideen, der treffendsten Bilder – jener, die uns zum Lachen bringen oder jener, die uns die Sprache verschlagen. Saul Steinberg sagte einmal zu mir: »Wenn mein Bild gelungen ist, weißt du nicht mehr, was du gedacht hast, *bevor* du es gesehen hast. Du wirst es nicht mehr los.« Solche Bilder sind selten, aber wir streben sie an.

Nur wenige Künstler haben bereits eine Idee, ehe sie sich an die Arbeit machen. Anita Kunz zum Beispiel sagt, wenn sie sich an den Zeichentisch setzt, ist sie zu einer ganzen Reihe von Skizzen entschlossen, wobei sie sich den Auftrag wie eine Schulaufgabe stellt. Um den

ERIC DROOKER
12. SEPTEMBER 1994

PETER DE SÈVE
5. SEPTEMBER 1994

Künstlern den Einstieg zu erleichtern, habe ich System in die Tradition der jahreszeitlich bestimmten Titel des *New Yorker* gebracht und verschicke jetzt regelmäßig einen Kalender mit Themenvorschlägen. Er enthält die üblichen Festtage und Feiertage wie Valentinstag, Ostern, Muttertag sowie die erst kürzlich eingeführten Themen der Sonderhefte. Ich ergänze die Liste noch durch Gesprächsnotizen und E-Mails, in denen aktuelle Ereignisse und Themen vorgeschlagen werden, die für denkwürdige Bilder geeignet sein könnten. Nur weil wir für die nächsten Monate ungefähr die Richtung wissen und weil wir ein Depot an fertigen Bildern für das ganze Jahr haben, können wir bei Bedarf einen Titel zu einem brandaktuellen Thema innerhalb von 24 oder 48 Stunden liefern.

New York selbst ist ein nie versiegender Quell von jederzeit abrufbaren Bildern, wie Eric Drookers Geschäftsleute auf Stelzen, wackelige Meister des Universums, die über die Hochhäuser der Stadt staken (12. September 1994; Abb.) oder Edward Sorels Tiere vom Bauernhof, die in einem Touristenbus sitzen und die seltsamen, exotischen Kreaturen in den Straßen von Gotham City bestaunen (16. Juni 1997; Abb. S. 62). Die Einwohner New Yorks wiederum, die der Stadt entfliehen wollen, inspirierten Peter de Sève zu seinem unvergesslichen Sommertitel vom 5. September 1994, auf dem sich New Yorker in den Häfen Neu-Englands drängen – dargestellt als Tauben, auf die blasierte Möwen verächtlich herabsehen (Abb.).

Das Rohmaterial, aus dem der Titelbild-Gestalter vorrangig schöpft, sind die jeweiligen sozio-kulturellen Unterströmungen. Als die Stadt New York per Gesetz das Rauchen am Arbeitsplatz verbot, lieferten einige Künstler Skizzen von Rauchern, die nunmehr draußen vor den Bürogebäuden pafften und die sie umgebende Dunstglocke noch vergrößerten. Doch der Vorschlag von Barry Blitt, der am 10. Januar 1994 veröffentlicht wurde, traf den Tenor des *New Yorker* am besten: In Hut und Mantel scharen sich die Raucher wie Stadttauben draußen auf den Fensterbänken, um sich eine

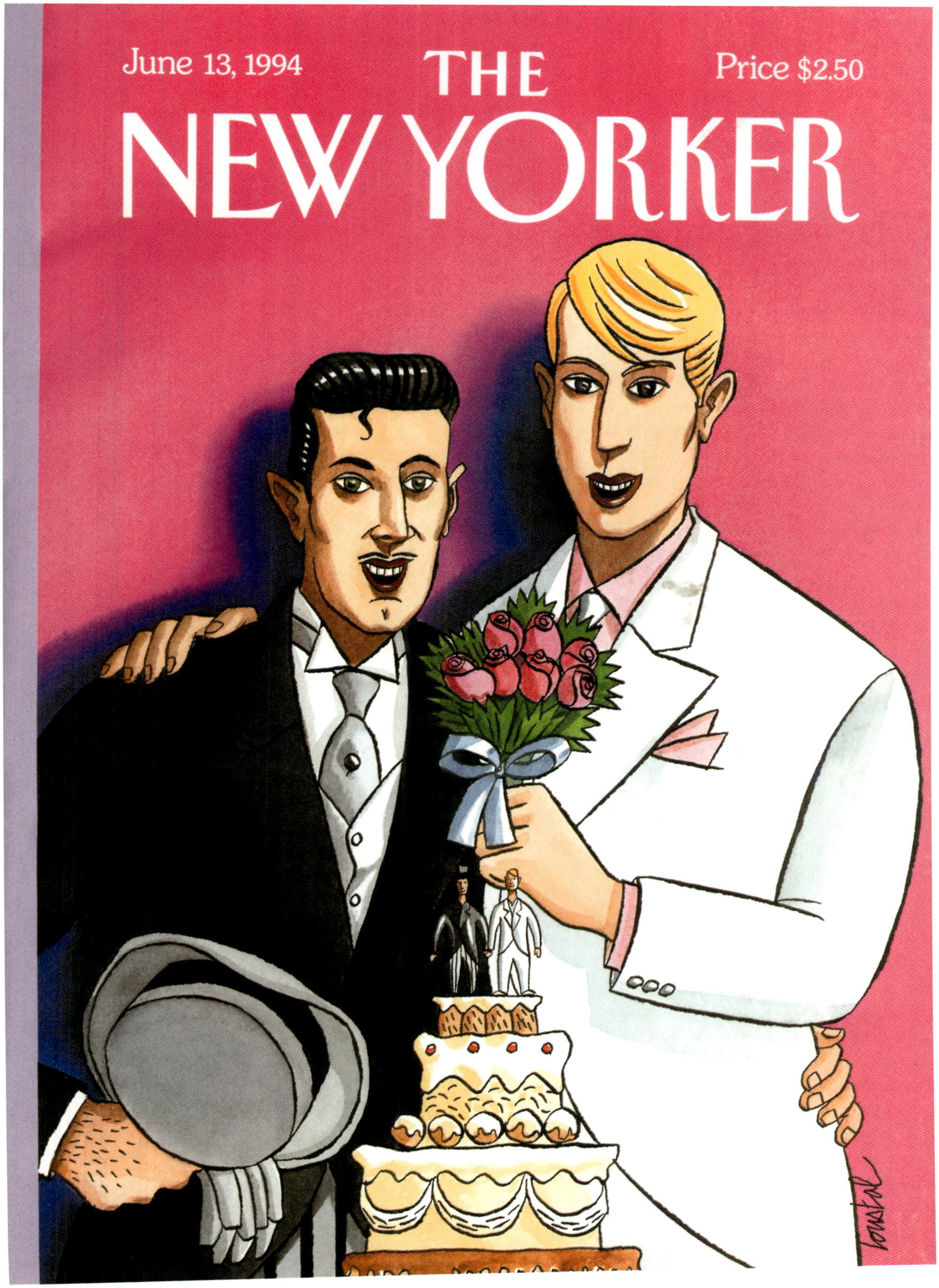

JACQUES DE LOUSTAL
13. JUNI 1994 (KAT. 83)

EDWARD SOREL
16. JUNI 1997 (KAT. 121)

BARRY BLITT
10. JANUAR 1994 (KAT. 39)

M. SCOTT MILLER
3. JUNI 1996

Zigarette anzuzünden (Abb. S. 63). Blitts Illustration ging noch über die Beschreibung hinaus und erfasste sowohl den selbstzerstörerischen Trieb des Rauchers als auch seine gesellschaftliche Ausgrenzung.

Ein Juni-Hochzeitstitel von Jacques de Loustal (13. Juni 1994; Abb. S. 61) zeigt zwei Männer beim Anschneiden der Hochzeitstorte vor einem knallrosa Hintergrund. Proteste folgten. Ein anderes Juni-Hochzeitscover, das von M. Scott Miller (3. Juni 1996; Abb.) stellt eine Braut dar, deren fließendes weißes Hochzeitskleid kaum ihren schwangeren Bauch verhüllte. Noch mehr Proteste. Als eine langjährige Abonnentin schrieb, sie müsste das Magazin vor ihrer sechzehnjährigen Tochter verstecken, war ich versucht, ihr zu antworten: »Madame, wenn die Schwangerschaft außerhalb der Ehe so ein Thema für Sie ist, dann sollten Sie das Titelbild erst recht an die Zimmertür Ihrer sechzehnjährigen Tochter pinnen und unbedingt mit ihr reden!« (Bei dem Titelbild wurde übrigens David Remnick, der seit Tinas Weggang 1998 den *New Yorker* als fünfter Chefredakteur leitet, daran erinnert, dass seine Frau, als sie damals zum Standesamt gingen, die einzige *nicht* schwangere Braut war.)

Es spricht für die Treue unserer langjährigen Leser, dass ihre Bindung an das Magazin die gravierenden Änderungen der letzten Dekade überdauert hat. Manche Leser hatten gehofft, dass wir sie angesichts der allgegenwärtigen Berichterstattungen über den Mordfall O. J. Simpson verschonen würden. Statt dessen boten wir ihnen Bob Zoells ambivalente Sichtweise des Falls, wie sie am 30. Januar 1995 zu Beginn der Verhandlungen veröffentlicht wurde (Abb.). Zoells einfaches Stillleben, Orangensaft vor weißem Hintergrund (Orangensaft, also orange juice, wird in den Staaten gemeinhin O. J. abgekürzt) zeigte ein halb leeres, respektive halb volles Glas, je nach Sichtweise. Das Bild drückte die tiefe Gespaltenheit der Nation in dieser Frage aus und war, für die gebildeten Leser, zugleich ein kleiner Seitenhieb auf Shawns Vorliebe für Stillleben.

BOB ZOELL
30. JANUAR 1995

ART SPIEGELMAN
8. MÄRZ 1999 (KAT. 126)

Obwohl die Titel des *New Yorker* heute oft im Nachhinein aktuelle Ereignisse aufgreifen, kann eine Illustration tatsächlich auch einmal etwas auslösen. Im März 1999 war ein afrikanischer Einwanderer, Amadou Diallo, von der New Yorker Polizei in der Eingangshalle seines Appartementhauses erschossen worden. Es schien keinerlei Provokation vorausgegangen zu sein, dennoch war 41-mal auf Diallo geschossen worden. Wochenlang gab es weder von der Polizei noch vom Bürgermeister eine Stellungnahme oder eine Entschuldigung, bis auf die karge Ankündigung, dass der Fall untersucht würde. Da entwarf Art Spiegelman eine Titelillustration (8. März 1999; Abb. S. 65), die so manchem New Yorker aus dem Herzen sprach: Ein netter, altmodischer New Yorker Polizist steht in Coney Island an einer Schießbude und hält mit seiner Halbautomatik auf anonyme menschliche Ziele. Über dem Schießstand hängt ein Schild: »41 Schuss – 10 Cents«.

Da wir uns über die Folgen im Klaren waren, musste David Remnick um Mitternacht aus dem Bett geklingelt werden und bekam eine grobe Skizze der Idee gefaxt. Er gab sofort grünes Licht, das Bild wurde fertig gestellt und 24 Stunden später digital an die Druckerei in Kentucky übermittelt. Am Montagmorgen wurde das Titelbild auf Pressekonferenzen vom Polizeichef, vom Bürgermeister und vom Gouverneur des Staates New York scharf kritisiert. Das Cover half, die Proteste gegen die Polizei zu polarisieren. Demonstrierende Filmstars und Menschenrechtsverfechter blockierten das Polizeipräsidium, während dienstfreie Polizisten vor dem Redaktionsgebäude des *New Yorker* einen Protestmarsch gegen das Titelbild veranstalteten. Der provokante Titel wurde vom Appellationsgericht als einer der Gründe genannt, warum die Verhandlung gegen die in den Tod von Diallo verwickelten Polizeibeamten aus New York verlegt werden musste.

Diese Reaktionen gaben Remnick im Nachhinein Recht, der die Künstler immer darin bestärkt hatte, sich mit New York als einem konkreten Ort und nicht nur mit dem Image einer Metropole der Weltkultur zu befassen. Mit seiner journalistischen Erfahrung entschied er sich oft für Titelseiten, die politisch oder gesellschaftlich relevante Themen aufgriffen. Ein Cover von Harry Bliss vom 19. Juli 1999 zeigt zwei aussichtsreiche Kandidaten für die bevorstehende Senatorenwahl in New York: Hillary Clinton irrt verloren als Touristin durch den abendlichen Central Park. Bürgermeister Rudolph Giuliani lauert als Straßenräuber hinter einem Baum (Abb.). Remnick, der mit dem *New Yorker* aufgewachsen ist, hat die neuen Möglichkeiten, die Tina Brown ihm eröffnete, genutzt, während er die unterschiedlichen Traditionen des Magazins zu verbinden und zu bewahren hofft. Ein Titelbild von Bruce McCall, in seinem puristischen Retro-Stil gehalten (31. Mai 1999, Abb.), beschwört den Times Square herauf – nicht den

HARRY BLISS
19. JULI 1999

BRUCE McCALL
31. MAI 1999

erst kürzlich sanierten Tummelplatz der Medienindustrie, auch nicht den heruntergekommenen Times Square der Nachkriegszeit, aber einen ›Lost Times Square‹, den es nie gab – Amüsiermeile der feinen Pinkel in Frack und Zylinder, mit gehobenem kulturellem Angebot und anspruchsvollem Dekor – ein Platz, den einer wie Eustace Tilley mit Freuden aufgesucht hätte.

Indem er sich auf seine Anfänge rückbesinnt, scheint der *New Yorker* nicht nur neu geboren zu sein, sondern hat auch bei anderen Publikationen die Verwendung von Illustrationen, Zeichnungen und Cartoons wieder belebt. Die wöchentlichen visuellen Hits dieser 75-jährigen Institution – manchmal explosiv, nie kalkulierbar, aber immer ins Auge fallend – sind lebender Beweis für die Macht der Zeichnung. Die neuen *New-Yorker*-Cover sind ein wichtiger Bestandteil des kulturellen Dialogs in Amerika geworden. Indem sie beweisen, dass das gedruckte Bild noch lange nicht überholt ist, behaupten sich diese Zeichnungen in einer verkabelten Welt der kurzlebigen, flüchtigen Bilder.

PETER ARNO
1. APRIL 1961 (KAT. 18)

PETER ARNO
27. APRIL 1963 (KAT. 19)

CHARLES D. SAXON
30. JANUAR 1960 (KAT. 99)

CHARLES D. SAXON
16. SEPTEMBER 1961 (KAT. 100)

CHARLES D. SAXON
3. AUGUST 1963 (KAT. 101)

ANDRÉ FRANÇOIS
10. JULI 1965 (KAT. 50)

ANDRÉ FRANÇOIS
28. SEPTEMBER 1963 (KAT. 49)

MARY PETTY
19. MÄRZ 1966 (KAT. 95)

WILLIAM STEIG
20. AUGUST 1966 (KAT. 127)

CHARLES D. SAXON
31. DEZEMBER 1966 (KAT. 102)

78

CHARLES D. SAXON
30. MÄRZ 1968 (KAT. 103)

RONALD SEARLE
8. NOVEMBER 1969 (KAT. 106)

ABE BIRNBAUM
10. FEBRUAR 1962 (KAT. 32)

ANDRÉ FRANÇOIS
6. APRIL 1968 (KAT. 51)

WILLIAM STEIG
1. NOVEMBER 1969 (KAT. 129)

SAUL STEINBERG
1. JULI 1967 (KAT. 136)

WILLIAM STEIG
6. JULI 1968 (KAT. 128)

ABE BIRNBAUM
7. JUNI 1969 (KAT. 33)

CHARLES E. MARTIN
15. NOVEMBER 1969 (KAT. 84)

WITZIG, SCHÖN UND ECHT

DIE TITELBILDER DES NEW YORKER

Lee Lorenz

In einer Notiz vom 15. Oktober 1925 schrieb Harold Ross, der Gründer und Herausgeber des neu eingeführten Magazins, dass das Design des *New Yorker* zum Stadtgespräch avanciert sei, während die Texte noch zu wünschen übrig ließen, aber das würde sich schon ändern ... Zu Beginn dienten in der Tat die Textbeiträge, meist Frotzeleien über Berühmtheiten und Persönlichkeiten von Gotham City, eher als Rahmen für die grafischen Features. Eigentlich war der *New Yorker*, wie ein Spötter bemerkte, »das beste Magazin für Leute, die nicht lesen können«.

Was den *New Yorker* deutlich von anderen Publikationen unterschied, waren seine Cover. Ihre kühne Bildsprache, in flächigen Primärfarben gehalten, boxte an den Zeitungskiosken Rivalen wie *Judge*, *Life* oder *Vanity Fair* gnadenlos beiseite. Was die Grafik betraf, pulsierten in dem Magazin die Lebensfreude und Vitalität von Manhattan im Jazz Age, so wie Ross es sich erhofft hatte.

Ross begann seine professionelle Laufbahn als Zeitungsreporter. Seine ersten Erfahrungen machte er bei *Stars and Stripes*, dem Sprachrohr der amerikanischen Streitkräfte, die während des Ersten Weltkriegs in Europa stationiert waren. Nach dem Krieg kehrte Ross in die Staaten zurück und ließ sich mit seiner zukünftigen Frau Jane Grant in Manhattan nieder. Er arbeitete als Redakteur bei einer glücklosen Heimatversion von *Stars and Stripes*, *The Home Sector*. Von da zog er weiter zu *American Legion* und schließlich zu dem humoristischen Magazin *Judge*. Zu diesem Zeitpunkt begann Ross bereits, von seiner Frau und seinem Kriegskameraden Alexander Woollcott gedrängt, mit ernsthaften Sondierungen für die Gründung eines eigenen Magazins. Mit seinem Notgroschen und Geld von seinem Pokerkumpel Raoul Fleischmann stellte er eine Kernmannschaft zusammen. Der Zeichner Rea Irvin hatte gerade seinen Job bei *Life* (einem anderen humoristischen Monatsmagazin) verloren und stand als Art Editor zur Verfügung. Ross stellte ihn ein und erklärte später, dass dies seine beste Entscheidung überhaupt gewesen sei. Obwohl *The New Yorker* eindeutig Ross' Baby war, war sein Art Editor Rea Irvin die unverzichtbare Amme.

Rea Irvin war 1881 in San Francisco geboren und zehn Jahre älter als Ross. Als die beiden sich 1925 kennen lernten, war Ross ein ambitionierter Neuling, Irvin jedoch ein kampferprobter Veteran, der auf allen publizistischen Schlachtfeldern Erfahrungen gesammelt hatte. Er war ein begnadeter Zeichner, ein perfekter Karikaturist und ein erfahrener Designer. Vor allem kannte er alle wichtigen Künstler jener Zeit persönlich. (Irvin hatte zudem eine umgängliche Art, eine makellose Garderobe und das Gebaren eines Leinwandidols.) Später räumte er einmal ein, er habe damals Ross' Magazin nicht die geringste Chance gegeben. Wie dem auch sei, er stürzte sich mit Begeisterung auf seine neue Aufgabe. Er bestimmte die Grundschrift des Magazins (Caslon) und schuf ein spezielles Alphabet für die Überschriften, von dem eine modifizierte Version noch heute benutzt wird. Er kreierte ein Gitternetz – oder Grundlayout – für den Drucker. Er entwarf das erste Titelbild (später Eustace Tilley genannt; Abb. S. 25) und lieferte im Laufe seiner Tätigkeit für das Magazin eine Fülle außergewöhnlicher Spots, Cartoons, satirischer Features und Titelbilder. Der Schriftsteller Philip Wylie, der in diesen ersten turbulenten Jahren als Ross' Mädchen für alles fungierte, würdigte 1958 in einem Brief an James Thurber Irvins Leistung folgendermaßen: »Es war Rea Irvin mehr als alle anderen zusammen, der den Gagschreibern und Möchtegernredakteuren den Unterschied zwischen ›abgedroschen‹ und ›sophisticated‹ beibrachte.«

Ein solcher Glücksfall wäre für die meisten Sterblichen bereits Segen genug gewesen, doch Ross hatte, wie in anderen Dingen auch, einfach mehr Glück als andere. Im ersten Jahr des Magazins tauchten zwei junge Künstler auf, deren Arbeiten den Standard für den aufkommenden *New-Yorker*-Stil schufen: Peter Arno und Helen Hokinson. Ihre direkten, frechen Zeichnungen zielten über die ersten, dekorativen Arbeiten der dreißiger Jahre hinaus, zu denen beispielsweise das Cover vom 3. Oktober 1925 von Barbara Shermund zählt. Eine ekstatische Tänzerin, mit Weintrauben behängt und die Zimbel schlagend, scheint die bacchantischen Orgien der Römer und Griechen heraufzubeschwören (Abb.). Später wurde Barbara Shermunds Bildersprache, offenbar unter dem Einfluss von Helen Hokinson, lockerer und spontaner.

Die überraschendste Arbeit dieser frühen Gruppe ist das Cover vom 28. September 1929 von Julian De Miskey. Vielleicht aufgrund seines Entschlusses, seine Arbeiten lediglich mit »M« zu signieren, sind seine Cover – während seiner langjährigen und produktiven Mitarbeit am *New Yorker* sind etwa 70 Titelblätter entstanden – nicht so bekannt, wie sie es verdienen. Von den Schuhen vor einer Hotelzimmertür wird ein ältlicher Lebemann offenbar an romantische Abenteuer seiner Jugendzeit erinnert (Abb. S. 91). Das Augenglas und der Zylinder zitieren hier ganz ungeniert Rea Irvins Eustace Tilley. Dies war das einzige Mal bis zum Jahr 1994 unter der Chefredakteurin Tina Brown, dass es einem anderen Künstler außer Rea Irvin gestattet war, die Ikone Eustace Tilley auf einem *New Yorker* Titel abzubilden.[1]

Peter Arnos erstes Cover erschien am 27. November 1926. In dem Titelbild vom 17. September 1932 hatte Arno die gelegentliche Unbeholfenheit seines frühen Stils abgelegt, ohne sein berühmtes Flair zu verlieren (Abb. S. 92). Ross gefiel die Idee, Titelbilder über mehrere Ausgaben zu verknüpfen, und auf Arnos Hausmeister, der im Herbst darauf wartet, das letzte abgefallene Blatt wegzuharken, folgte im Frühjahr ein Arno-Titel mit derselben Figur auf einer Leiter, die das erste Blatt des Frühlings begrüßt.

Ross' ehrgeizigster Versuch, Titel miteinander zu verknüpfen, startete im Jahr 1931, als er beschloss, Helen Hokinsons Standard-Matrone auf eine Weltreise zu schicken. Wir verfolgen ihre Reise, die sie in Begleitung ihres grässlichen Hundes Scottie unternahm, an Hand von zehn Schnappschüssen, darunter einer entstanden im Spielkasino von Monte Carlo, einer im

BARBARA SHERMUND
3. OKTOBER 1925 (KAT. 118)

Kampf mit Essstäbchen in Japan und einer bei der vorsichtigen Annäherung an den schiefen Turm von Pisa. Das Cover vom 13. Juni 1931 zeigt unsere Heldin, die einen verwirrten Araber in der Sahara schamlos becirct (Abb. S. 17).

Das Blickfeld des *New Yorker* weitete sich. Im selben Jahr, am 14. Februar 1931, präsentierte Gardner Rea einen versprengten Klubmenschen mit einer Wärmflasche an einem tropischen Strand (Abb. S. 11). Obwohl das Magazin immer noch Skurrilitäten veröffentlichte wie Rea Irvins Knaben, der beim Hindernisrennen Blumen verkauft (8. Oktober 1932; Abb. S. 185), begann ein neuer Wind zu wehen.

Katharine White, die Leiterin der literarischen Redaktion, war maßgeblich an der kosmopolitischeren Gestaltung des *New Yorker* beteiligt. Katharine White begann in den ersten Jahren des Magazins als »Fiction«-Redakteurin. Sie kam aus gutem Hause, war gebildet, ausgesprochen selbstbewusst und übernahm rasch weitere Funktionen. So stellte sie zum Beispiel die Verbindung zwischen den Grafikkonferenzen und den Künstlern her. Der Art Editor, Rea Irvin, weigerte sich, direkt mit den freien Mitarbeitern zu verhandeln, und so kümmerte sich Katharine White zunehmend um Auswahl, Auftragsvergabe und Bearbeitung der künstlerischen Beiträge. Sie liebte William Steigs Entwürfe, die Irvin hasste, und verpflichtete eigenhändig einige wichtige neue Cartoonisten, neben anderen auch George Price. Man muss es ihr und ihrem Mann E. B. White anrechnen, dass sie die Titelbilder und Cartoons des Magazins auf ein intellektuelles Niveau gehoben haben, das weder Ross noch Irvin erreicht hätten. Sie und ihr Mann engagierten sich voll in der Redaktion des Magazins, bis William Shawn 1952 die Leitung übernahm.

Aus dem Bestreben heraus, die Stereotypen und Klischees der zwanziger Jahre abzulegen, zog Katharine White neue Mitarbeiter wie Perry Barlow heran, die richtige Leute im wirklichen Leben darstellten. Barlows Cover mit dem Paar im Vorortzug, das müde aus Manhattan heimkehrt, ist symptomatisch für die Abwanderung der Leser und der Mitarbeiter des *New Yorker* in die Vorstädte (3. Dezember 1938; Abb. S. 20). Vom selben Künstler stammt das Titelbild mit einem indischen Touristen, der eine amerikanische Familie beim Essen in einem Gartenlokal fotografiert (Abb. S. 21). Ein weiteres Anzeichen für den sich weitenden, kosmopolitischen Blickwinkel.

Ein spätes Cover aus den dreißiger Jahren stellt einen Künstler vor, der in kommenden Dekaden signifikante Beiträge liefern sollte. Eher rätselhaft als witzig, vermitteln Idee und Ausführung seines Tierkreiszeichen-Porträts eines Polizisten dem Leser einen kleinen Vorgeschmack auf das, was Charles Addams ihm künftig bieten wird (30. Dezember 1939; Abb. S. 95).

Am Ende der dreißiger Jahre bescherte ein Umbruch in der »Fiction«-Redaktion dem Magazin ein neues Talent, das in der weiteren Entwicklung des *New Yorker* eine wichtige Rolle spielen sollte: James Geraghty. Geraghty, der freie Mitarbeiter wie Peter Arno, Barney Tobey, Richard Decker und Perry Barlow mit Gags belieferte, sollte »Fiction«-Redakteur William Maxwell bei den wöchentlichen Grafikkonferenzen vertreten. Maxwells Aufgabe hatte darin bestanden, unaufgefordert eingesandte Cartoons im Hinblick auf gute Einfälle für Ross und Irvin zu sichten. Es war nur ein Teilzeitjob, aber Maxwell wollte mehr Zeit für sich zum Schreiben. Geraghty, der sich mühsam mit Gagschreiben über Wasser hielt, erkannte die Chance für eine zukünftige Redakteurstätigkeit und griff mit beiden Händen zu. Nachdem der *New Yorker* gut auf den Weg gebracht war, fing Rea Irvin an sich zu langweilen. Für ihn waren die wöchentlichen Grafikkonferenzen eher ein Hindernis auf seinem Weg zum Billardspiel im Dutch Treat Club. Mit seinem Gespür für Aufstiegschancen schaute Geraghty immer wieder mal unaufgefordert vorbei, um sich mit allen Aspekten des Magazins vertraut zu machen. (Ross begegnete ihm einmal zufällig auf dem Flur und verkündete lautstark, dass er ihn nur für anderthalb Arbeitstage bezahle, egal wie oft er in die Redaktion käme.)

JULIAN DE MISKEY
28. SEPTEMBER 1929 (KAT. 45)

PETER ARNO
17. SEPTEMBER 1932 (KAT. 12)

Mit dem Eintritt der USA in den Zweiten Weltkrieg begann der Redaktionsstab auszudünnen, und Geraghty wurde immer unentbehrlicher. Bei Kriegsbeginn war Geraghty offiziell Art Editor, und Rea Irvin wurde der eher förmliche Titel Art Director verliehen. Wenn es noch eines Beweises für Ross' glückliche Hand bedurfte, dann den der Beförderung von James Geraghty. Obwohl er zum Schreiben (und Redigieren) von Bildunterschriften eingestellt worden war, bewies er bald ein untrügliches Auge. Seine Verbesserungsvorschläge für einen Cartoon (oder ein Titelbild) waren ebenso wohl überlegt und geschickt wie seine Reparatur einer missglückten Bildunterschrift. Geraghty hatte auch ein Gespür für neue Talente. Er drängte Ross, für die Einwanderung Saul Steinbergs in die USA zu bürgen, und unter seiner Ägide verpflichtete das Magazin so wichtige neue Cover-Künstler wie Ludwig Bemelmans, Abe Birnbaum, Edna Eicke und, aus Europa, André François, Pierre Le-Tan und Ronald Searle.

Aus der Gruppe dieser so unterschiedlichen Künstler verdient Abe Birnbaum besondere Beachtung. In den 30 Jahren, die er für den *New Yorker* gearbeitet hat – sein erstes Cover erschien am 20. Mai 1944, sein letztes am 27. Mai 1974 –, boten seine Titelbilder all das, was die Cover-Kunst des *New Yorker* ausmacht: Sie waren frech ausgedacht, sinnlich ausgeführt und geistreich. Neben seinen 140 Titelzeichnungen steuerte Birnbaum Dutzende von Karikaturen, Porträts und Spots bei.

Mit seinen Kriegsreportagen hatte sich der *New Yorker* von einem unterhaltsamen Wochenmagazin mit seriösen journalistischen Beiträgen zu einem seriösen Wochenjournal mit humoristischen Seiten gewandelt. Zur selben Zeit dümpelten die Titel geruhsam vor sich hin. Man schien den Krieg nur am Rande wahrzunehmen, wie in Arnos Cover vom 26. Dezember 1942, auf dem ein Maat der Wachmannschaft auf der Brücke eines sturmgepeitschten Kriegsschiffs ein Tablett mit heißem Kaffee und kleinen Weihnachtsgeschenken bringt (Abb. S. 30).

Repräsentativer für die vierziger Jahre sind die Titelbilder von Mary Petty. Petty, mit dem Cartoonisten Alan Dunn verheiratet, startete ihre *New-Yorker*-Karriere im Jahr 1927. Ihre eleganten, wunderschön ausgearbeiteten Zeichnungen schildern eine bilderreiche Welt des Wohlstands und der Privilegien, über der eine beflissene, aber exzentrische Schutzherrin, halb Sylphe, halb Schmetterling, schwebt. Ihr erstes Cover erschien 1940, und danach hat sie den dankbaren Lesern des *New Yorker* noch 41 weitere Titel geliefert. Die befreite Frau, die unbekümmert über das Netz springt, um ihrem überraschten Tennispartner zu gratulieren, charakterisiert Pettys Sichtweise der Geschlechter (16. August 1941; Abb. S. 35). Bei ihr sind die Männer entweder aufgeblasen oder schüchtern, die Frauen halten klammheimlich, aber fest das Ruder in der Hand. Die Dame, die die Eingangsstufen zu ihrem Mietshaus fegt, ist eine Anspielung auf den Arbeitskräftemangel der Kriegsjahre (8. Juli 1944; Abb. S. 34). Und zur Begrüßung des neuen technischen Zeitalters nach dem Krieg versammelt sie ihre traditionsbewußte Familie in der Bibliothek, um den letzten Schrei – das Fernsehen – zu feiern (4. Februar 1950; Abb. S. 97).

In den vierziger Jahren arbeitete der durch seine Madeline-Kinderbücher weltweit bekannt gewordene Autor und Illustrator Ludwig Bemelmans für den *New Yorker*. Bemelmans war ein extravaganter, selbstherrlicher Mensch. Wenn er um eine noch so kleine Änderung an einem Titelbild gebeten wurde, erklärte er kategorisch, er sei ein »approximativer Künstler«. James Thurber entwarf sechs Cover, die alle bis auf eine Ausnahme verschollen sind: das Titelbild vom 9. Februar 1946 (Abb. S. 145). Eine merkwürdige Ergänzung zu diesem Gruppenporträt von Konkurrenten bei der jährlichen Rassehundeshow ist der Farbbalken – der dekorative Rand, der links der Zeichnung vertikal verläuft.[2] Sorgfältig ausgemalt, stammt er definitiv nicht von Thurber, aber wer ihn einfügte und warum, bleibt ein Rätsel.

Der *New Yorker* erlebte in den Nachkriegsjahren einen unerwarteten Boom. Während des Kriegs war eine Miniaturausgabe – das heißt, verkleinert und ohne Anzeigen – weltweit kostenlos an die Streitkräfte verteilt worden. Die meisten dieser jungen Menschen hatten bis dato noch nie etwas vom *New Yorker* gesehen oder gehört. Die störenden Anzeigen wegzulassen, wäre jedem Magazin förderlich, für den *New Yorker* war der Effekt gewaltig. Die gekappte Version hatte Biss, war flott, lebendig und vor allem witzig. Aus den vielen neu gewonnenen Anhängern des Magazins wurden nach ihrer Heimkehr treue Leser. Das und der Nachkriegsbedarf an Konsümgütern trieben die Abonnentenzahlen, die Anzeigenseiten und die Bruttoeinnahmen in schwindelnde Höhen.

Ein überaus produktiver Künstler war Perry Barlow. Übrigens, eine interessante Randbemerkung zu Barlows ungebrochenem Erfolg als Cover-Künstler: Er war farbenblind. Seine in Tusche, Kohle oder Kugelschreiber entworfenen Schwarzweiß-Skizzen wurden von seiner ebenfalls künstlerisch tätigen Frau in Titelbilder ›verwandelt‹, indem sie die Zeichnungen mit Wasserfarben kolorierte. Einer der wenigen noch produktiveren Künstler als Barlow war Arthur Getz, dessen künstlerisches Schaffen von 1938 bis 1988 währte. Was Getz' Arbeiten kennzeichnet, sind seine malerische Pinselführung und seine unnachahmliche Art, das besondere Licht von Manhattan einzufangen (das ebenso spezifisch ist wie das von Venedig). Die Titelbilder vom 4. November 1950 und vom 17. November 1956 zeigen die eher anekdotische und – im Falle der aufgeregten Truthähne, die für die Thanksgiving-Partys in Manhattan durch den Holland-Tunnel transportiert werden – humorvolle Ader des Künstlers (Abb. S. 38 und 50).

Im Jahr 1951 starb der Gründer und Herausgeber des *New Yorker*, Harold Ross. Das Magazin, das er hinterließ, hatte sich von einem »Groschenwitzblatt«, wie er es einst nannte, zu einer der Ikonen der amerikanischen Alltagskultur gemausert. Unter Ross hatte es neue Maßstäbe sowohl in der ›komischen‹ Kunst wie im seriösen Journalismus gesetzt. Seine Präsenz auf den Couchtischen der aufstrebenden Mittelklasse war das Erkennungszeichen für geistige Kultiviertheit. Darauf angesprochen, hätte Ross die Verdienste für diese bemerkenswerte Leistung jenen Künstlern und Autoren zugeschrieben, die während des ersten Vierteljahrhunderts mit ihm an dem Magazin gearbeitet haben: Peter Arno, Helen Hokinson, Mary Petty, Garrett Price und Charles Addams; James Thurber, Robert Benchley, E. B. White und Dorothy Parker. Außerdem hätte er die Aufmerksamkeit auf jenen kleinen Kreis von Redakteuren gelenkt, die jede Woche aufs Neue die Ausgabe für das Publikum gestalteten. Die führenden Köpfe in dieser Runde waren Katharine Angell, die früh zum Magazin stieß, und der Mann, den sie später heiratete, E. B. White. (Obwohl er nie offiziell Editor war, fungierte er die meiste Zeit als De-facto-Redakteur für Cartoons und Humoresken.) Der dritte Name auf dieser Liste wäre mit Sicherheit der des Mannes gewesen, der Ross als Chefredakteur nachfolgte: William Shawn.

In den späten dreißiger Jahren kam Shawn als Laufbursche für die Reporter zum *New Yorker*. Dann wechselte er in die Dokumentationsabteilung, die er zu einem Muster an Beharrlichkeit und Sorgfalt umgestaltete. Zu Beginn des Zweiten Weltkriegs war er bereits zum leitenden Redakteur avanciert. In einer erst kürzlich veröffentlichten Sammlung seiner Briefe spricht Ross mit Hochachtung von Shawns außergewöhnlicher Tatkraft und seinem Engagement für das Magazin. Die Briefe lassen auch keinen Zweifel daran, dass Ross ihn sich als seinen Nachfolger wünschte.

Als Shawn im Jahr 1952 die Leitung übernahm, standen seine Fähigkeiten als Redakteur und als Macher außer Frage. Überraschend war nur, mit welcher Vehemenz er sich der grafischen Beiträge des Magazins annahm. Er reduzierte die Zahl der Teilnehmer an der wöchentlichen Grafikkonferenz von fünf auf zwei – ihn selbst und Art Editor James Geraghty. Im weiteren Verlauf schickte er Rea Irvin in den Ruhestand und entzog der »Fiction«-Redaktion die Bearbeitung von Cartoons und Bildunterschriften. Außerdem unter-

CHARLES ADDAMS
30. DEZEMBER 1939 (KAT. 1)

stellte er die Auftragsvergabe von zusätzlichen Grafiken – Karten, Porträtskizzen oder gelegentliche Illustrationen – seiner Verantwortung. Obwohl Geraghty immer noch direkt mit den Cartoonisten und Cover-Künstlern verhandelte, war es Shawn, der den Weg für eine behutsame Aussöhnung zwischen dem Magazin und einem seiner wichtigsten und schwierigsten Mitarbeiter, William Steig, ebnete. Steig kam 1930 als Cartoonist und Cover-Künstler zum *New Yorker*. Seine Skizzen von New York – insbesondere von der Arbeiterklasse in der Bronx – eröffneten dem grafischen Profil des Magazins eine völlig neue Dimension. Die Abenteuer der ausgebufften Straßengören, die er später Small Fry (kleine Fische) nannte, waren selbst Leuten bekannt, die noch nie vom *New Yorker* gehört hatten. Ende der dreißiger Jahre widmete Steig sich einem neuen Stil, der zu einer lebenslangen Betrachtung der menschlichen Zwangslage führen sollte, indem er eine Serie symbolischer Zeichnungen schuf, die nichts mehr mit seinen früheren Cartoons gemein hatten. Der *New Yorker*, also, Ross, Irvin und Katharine White, fanden diese Zeichnungen zu experimentell für das Magazin und lehnten sie ab. Steig, verärgert, doch unverdrossen, schuf sich mit einer Reihe von Büchern wie *About People*, *The Lonely Ones* und *The Agony in the Kindergarten* sein eigenes Publikum. In den vierziger und fünfziger Jahren war Steig hin und wieder mit einer Illustration im *New Yorker* vertreten, doch der unter Ross erfolgte Bruch begann erst unter der Leitung Shawns zu heilen. Der *New Yorker* der Nachkriegsjahre, bereits ein Hort für die innovativen Arbeiten von Saul Steinberg, bot nun endlich eine sichere Plattform für Steigs schrullige, oft sogar übermütige Grübeleien über die menschlichen Verhältnisse. Zunächst erschienen wöchentlich Zeichnungen von ihm, dann folgten Titelbilder. Schelmisch, farbenfroh und gelegentlich anrührend, erinnern diese Cover nur in einem Aspekt an seine früheren Vignetten von Arbeiterfamilien: Sie konnten von keinem anderen als ihm selbst stammen. Mit seinen heute 92 Jahren liefert Steig immer noch Beiträge für den *New Yorker*. Er und der Cartoonist Mischa Richter sind die einzigen Künstler, die unter allen fünf Herausgebern des Magazins gearbeitet haben.

Die Shawn-Ära scheint auch der Karriere von Charles Addams neue Impulse gegeben zu haben. Shawn schätzte Addams' Arbeiten sehr – in einer Denkschrift schrieb er: »Der *New Yorker* war erst komplett, als Charles Addams dazukam.« Zu den schönsten Motiven gehören der Museumswärter, der ein frisch ausgebrütetes Dinosaurier-Ei entdeckt (18. Februar 1950; Abb. S. 99); der erdgebundene Skifahrer, der staunend sein Pendant verfolgt, das dabei ist, in den Orbit einzutreten (2. Februar 1957; Abb. S. 52); und die Szene, die die Zukunft der Weltraumfahrt in Zweifel zieht, mit einem Astronauten, der auf dem roten Planeten wie ein kosmischer Gulliver angepflockt ist (14. Juni 1958; Abb. S. 51). Die beiden Titelbilder aus den siebziger Jahren (4. Juli 1970 und 14. November 1970; Abb. S. 112 und 113) bedürfen einer Erläuterung: Auf Geraghtys Anregung hin versuchte Addams, seinen ausgefeilten, eher grotesken Stil zu verändern und zu einer leichteren, lockeren Handschrift zu finden, aber er ließ es dann doch und kehrte zu seinem gewohnten Stil zurück.

Während langjährige Mitarbeiter von Shawns *New Yorker* neue Impulse empfingen, tauchten immer wieder neue Künstler auf. Einer der prägendsten war gewiss Charles Saxon.

Ende der fünfziger Jahre warf Saxon eine erfolgreiche Karriere im Zeitschriftengewerbe hin – er hatte *Modern Screen* für die Dell Publishing Company herausgegeben –, um sich seiner großen Leidenschaft, dem Cartoonzeichnen, zu widmen. Was Saxon von seinen Mitstreitern unterschied: Er kam mit einem klaren Konzept zum *New Yorker*. Er wollte die Erfolge und Nöte von Amerikas aufstrebender Mittelklasse aufzeigen – also die seiner Freunde und Nachbarn im Wohlstandsvorort New Canaan, Connecticut. Was ihm trefflich gelang. Er war ein meisterhafter Zeichner und wurde einer der erfolgreichsten und am häufigsten nachgeahmten Cartoonisten

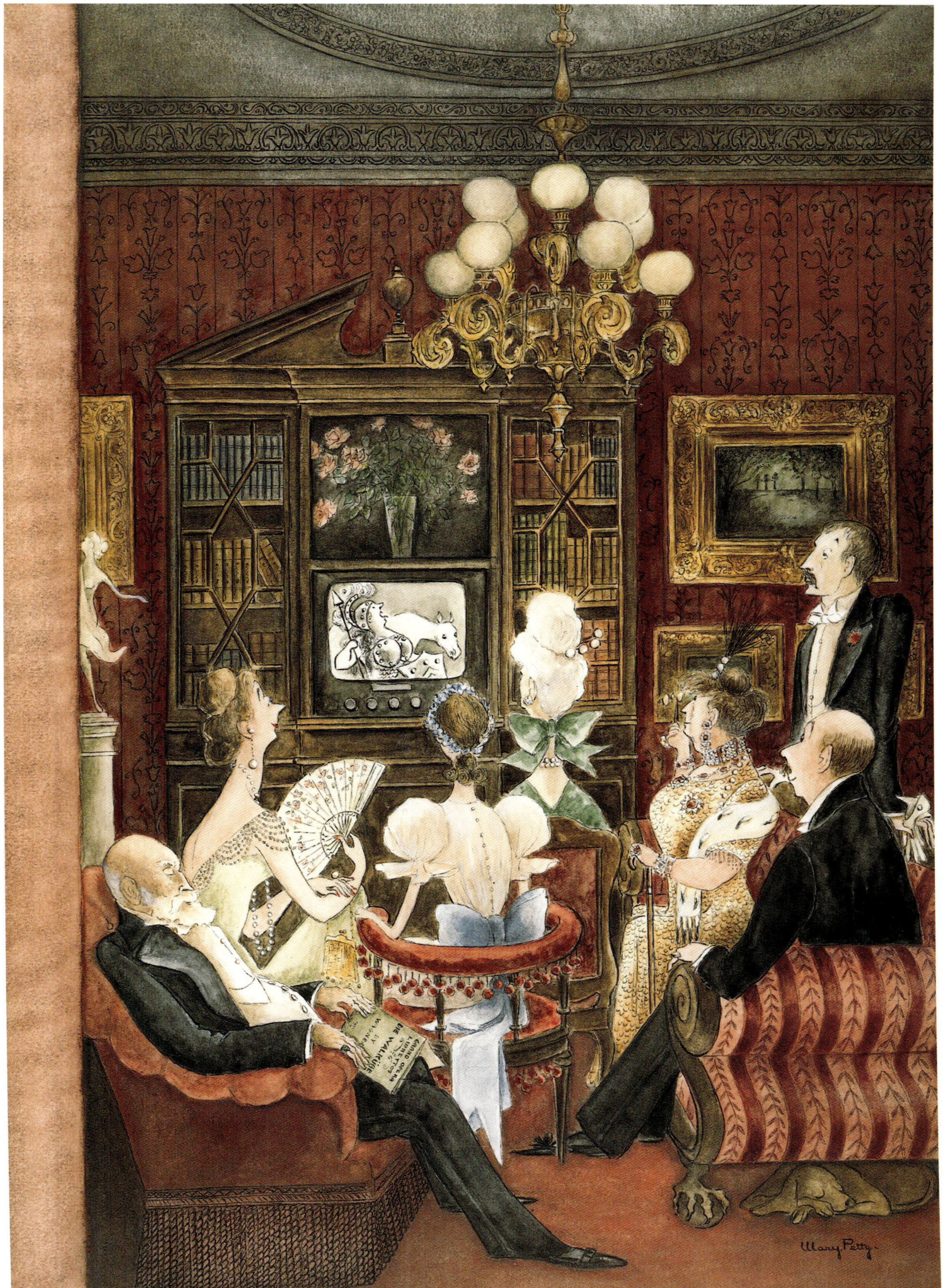

MARY PETTY
4. FEBRUAR 1950 (KAT. 93)

seiner Zeit (ein englischer Künstler, der seinen Stil sklavisch kopierte, vermarktete sich kühn als The Anglo-Saxon). Saxon blieb seinem Thema in Cartoons und Doppelseiten sowie Titelbildern auf der Spur. Die Arbeiten, die aus der Zeit vom 30. Januar 1960 bis zum 16. Juli 1984 stammen, dokumentieren nicht nur seine satirische Ader, sondern auch die erstaunliche Bandbreite seines Könnens: Unter ihnen gibt es Bleistift-, Feder- und Tuschezeichnungen, Pinsel- und Tuschearbeiten, Aquarelle, Tempera- und Pastellmalerei.

Zu Saxons Nachbarn in Connecticut gehörte auch die Malerin und Illustratorin Edna Eicke. Es ist kaum zu glauben, dass zwei Künstler so unterschiedliche Inspirationen aus demselben Umfeld ziehen können. Obwohl Eicke dem Magazin nur 15 Jahre angehörte, produzierte sie über fünfzig Titelbilder. Ihre bekanntesten Arbeiten schildern die alltäglichen, doch unvergesslichen Momente der Kindheit: zum Beispiel die Aussichten auf einen neuen Spielkameraden, wenn ein Möbelwagen in der Nachbarschaft auftaucht. Ihre Arbeiten waren so heiter wie Saxons bissig, jedoch nie sentimental. Vieles bei ihr war autobiografisch, so zeigen zwei ihrer Bilder den Blick aus ihrer Wohnung in New Yorks Greenwich Village (31. Juli 1954; Abb. S. 45) und den Strand in der Nähe ihrer späteren Wohnung in Westport, Connecticut (27. Juli 1957; Abb. S. 48). In den sechziger Jahren gab Eicke ihre Mitarbeit mit der Begründung auf, sie habe keine Einfälle mehr. Später bot ihr der Art Director einer Werbeagentur eine Stange Geld für eine Anzeigenserie im Stil ihrer alten *New-Yorker*-Titelbilder. »Wenn ich einen meiner *New-Yorker*-Titel entwerfen könnte«, erwiderte sie, »dann würde ich es für den *New Yorker* tun.«

Es darf ruhig gesagt werden, dass alle hier genannten Künstler durch den *New Yorker* groß wurden. Obwohl Ross, Irvin, Geraghty und später Shawn ständig auf der Suche nach neuen Talenten waren, nahmen sie keine Künstler, die sich bereits einen Namen gemacht hatten.

Natürlich gab es eine große Ausnahme von dieser Regel. In den sechziger Jahren begann der *New Yorker*, Cover von Künstlern zu veröffentlichen, die in Europa bereits etabliert waren. Ronald Searle aus England, André François aus Frankreich, aus Vietnam über Paris Pierre Le-Tan und aus Rumänien über die Schweiz Eugène Mihaesco. Obwohl ich die Künstler im Rahmen dieses Essays in einer Gruppe nenne, haben sie stilistisch nichts miteinander gemein. François offerierte den *New-Yorker*-Lesern seine eigene Art von Surrealismus – zum Beispiel die abgetauchte Vorstandssitzung vom 10. Juli 1965 (Abb. S. 73) oder den akademischen Seehund, der in der Sprache seiner Spezies über einer mathematischen Gleichung grübelt (6. April 1968; Abb. S. 81). François hatte auch eine Schwäche für optische Wortspiele, wie bei dem Schmetterlingsnetz, das für fliegende Fische ausgeworfen wird (25. Juli 1983; Abb. S. 100) oder das Stillleben mit Weinflaschen, die das Etikett »Morandi« tragen, als eine Hommage an den berühmten italienischen Meister der Flaschenstillleben, Giorgio Morandi (1. April 1985; Abb. S. 125).

Searle ist einer der herausragenden satirischen Künstler unserer Zeit. Seine Titelbilder sind nicht nur wunderbar gezeichnet, sie sind auch so schön hinterhältig witzig. Katzen sind Searles Spezialität, und zu den besten seiner Arbeiten gehören auch zwei dieser schnurrigen Feliden: die Katze auf dem Konferenztisch (23. Januar 1971; Abb. S. 103) und der Kater vor dem Dessertbuffet, der von seinem Lieblingsnachtisch träumt (17. Februar 1973; Abb. S. 115).

Der *New Yorker* hat seine Cartoonisten von Anfang an ermutigt, sich auch an Titelgestaltungen zu versuchen. Das Ergebnis waren oft kolorierte Cartoons, wie zum Beispiel George Prices Horde von Weihnachtsmännern in der U-Bahn, das einzige Cover des Künstlers. Andere Cartoonisten jedoch nutzten die Gelegenheit und ließen ihrem Talent freien Lauf. Als außergewöhnliche Beispiele meiner Generation wären zu nennen: F. B. Modell, James Stevenson, Donald Reilly, Arnie Levin und Robert Weber. Drei weitere Cross-over-Künstler sind ebenfalls erwähnenswert: Edward Koren, Robert Kraus und George Booth. Bei Koren, der in

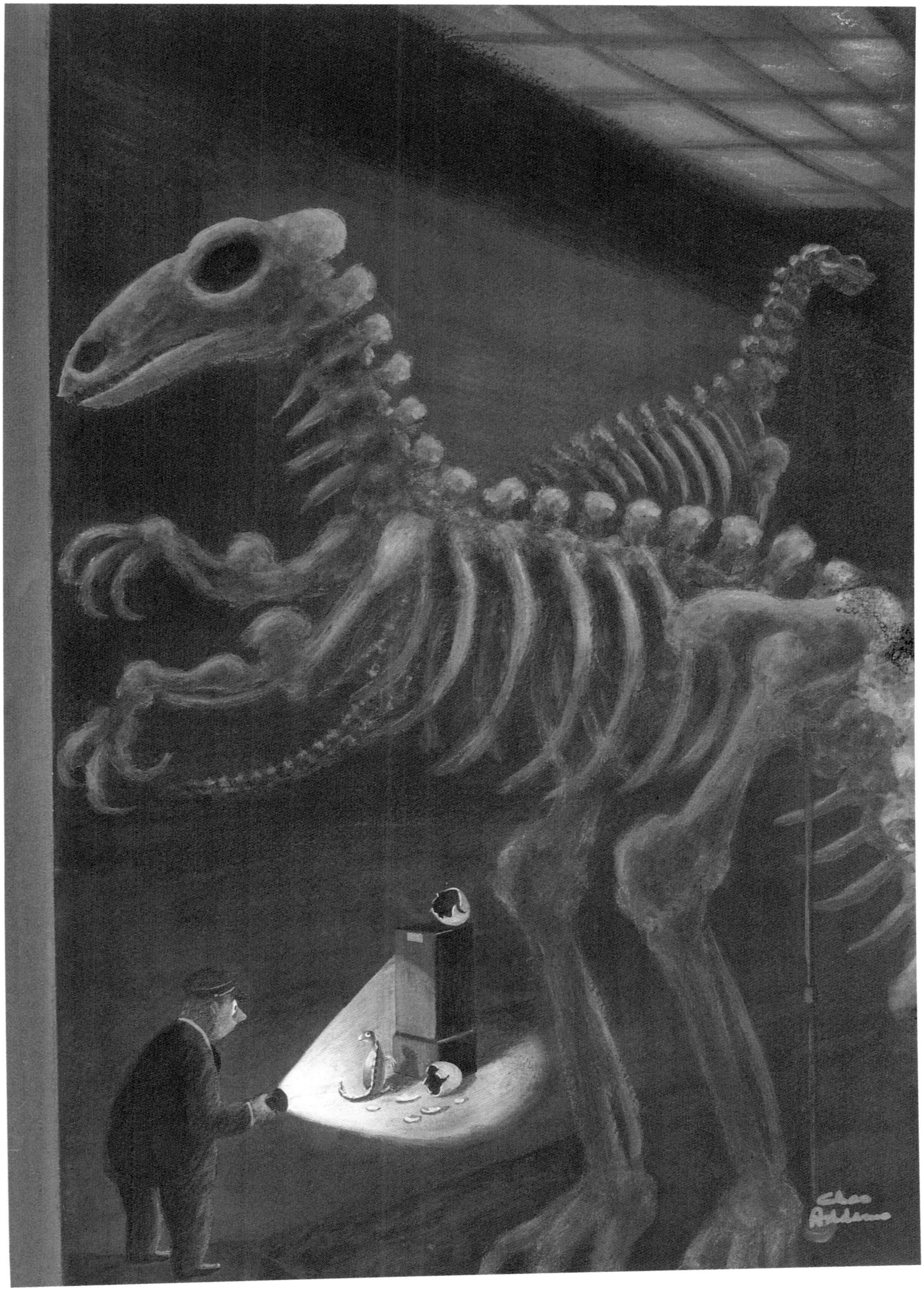

CHARLES ADDAMS
18. FEBRUAR 1950 (KAT. 2)

ANDRÉ FRANÇOIS
25. JULI 1983 (KAT. 55)

Paris Drucker gelernt hat, schlägt manchmal eine ›kontinentale‹ Ader durch. Seine Vögel-Titel vom 17. Januar 1977 und 20. Juni 1988 (Abb. S. 186 und 133) beispielsweise bilden einen amüsanten Kontrapunkt zu Searles Katzen. Andererseits sind die gelangweilten Sylvesterfeiernden im Martiniglas (31. Dezember 1979; Abb. S. 121) und die Kürbisse und Truthähne bei einem Thanksgiving-Gelage (26. November 1984; Abb. S. 132) so amerikanisch wie – nun ja – Martinis und Thanksgiving eben.

Robert Kraus gab 1965 seine erfolgreiche Karriere beim *New Yorker* zu Gunsten einer noch erfolgreicheren als Autor und Herausgeber von Kinderbüchern auf. (Als Herausgeber hat Kraus den Grundstein zu William Steigs Erfolg als Kinderbuchautor gelegt.) Während seiner Zeit beim *New Yorker* hatte Kraus über zwanzig Cover entworfen, für die das vom 30. November 1957 charakteristisch ist (Abb. S. 53). Eindeutig unter dem Einfluss von Birnbaum ist diese grafisch starke Idee in einem vielschichtigen Impasto umgesetzt.

Der *New Yorker* führte 1970 für die Mitglieder der Redaktion eine ›Zwangspensionierung‹ im Alter von 65 Jahren ein. William Shawn blieb davon ausgenommen, ebenso sein getreuer Verbündeter in der Umbruchredaktion, Carmine Peppe. James Geraghty nicht. Er ging 1973 in den Ruhestand, und zu meiner grenzenlosen Überraschung forderte Shawn mich auf, seine Nachfolge anzutreten.

Zu diesem Zeitpunkt war der *New Yorker* für viele seiner Leser zu einer Art Bezugspunkt für die Beschreibung ihrer Umgebung geworden. Ein Sonnenuntergang mochte »wie ein *New-Yorker*-Cover« aussehen. Eine Bemerkung auf einer Party konnte »wie ein *New-Yorker*-Cartoon« sein. Und dann gab es natürlich »Thurber-Typen«, »Hokinson-Ladys« und »Saxon-Paare«. Das Entstehen einer solchen Metasprache setzt eine Art festes Konzept für das grafische Profil des *New Yorker* voraus. Als ich mit Shawn zu arbeiten begann, stellte ich als erstes fest, dass es keinerlei schriftliches Programm gab. Die einzige Richtschnur, die Shawn je für die grafischen Elemente des Magazins verlauten ließ, war, dass sie »witzig, schön und echt« sein sollten. Die unausgesprochene Philosophie hinter dem Erfolg des Magazins könnte man auch so formulieren: Entdecke die talentiertesten Leute und fordere sie auf, ihr Bestes zu geben.

Leute zu ermutigen, ihr Bestes zu geben, bedeutete, wie im Fall von George Booth, ihren Arbeiten neue Wege zu eröffnen. Booth reagierte, indem er eine brillante Serie von Doppelseiten, wie den Klassiker »Ip Gissa Gul« und eine beachtliche Reihe von Titeln kreierte. Das Cover vom 23. Januar 1984 ist typisch für Booth' Angewohnheit, seine signifikanten Cartoon-Figuren – im vorliegenden Fall seine fanatische Sängerin – auf seine Titelentwürfe zu übertragen (Abb. S. 129).

Wer weder Anweisungen noch irgendwelcher Ermutigungen bedurfte, war Saul Steinberg. 1914 in Rumänien geboren, emigrierte Steinberg zu Beginn des Zweiten Weltkriegs aus Italien in die USA. Steinbergs Kunst ist bereits bis ins Kleinste von hervorragenden Kunstkritikern wie Harold Rosenberg und Arthur Danto analysiert worden. Bevor Steinberg nach Amerika auswanderte, war er Mitherausgeber eines Magazins in Italien. Die handwerkliche Seite des Publizierens faszinierte ihn, und wann immer er die Räume des *New Yorker* aufsuchte, schaute er auch bei der Umbruchredaktion vorbei. Wo heute alles größtenteils vollelektronisch abläuft, war zu Steinbergs Zeiten ein hektischer, verqualmter Raum, in dem Manuskripte, Kaffeebecher, Zigarettenstummel und Korrekturabzüge herumlagen. Aufgabe der Umbruchredaktion war und ist es, die Flut von Cartoons, Rubriken, Porträts, Kurzgeschichten, Gedichten und so weiter, die beständig von den darüber liegenden Redaktionsstuben herunterregnet, für die Veröffentlichung geeignet und sinnvoll zu ordnen und zu arrangieren.

Der Chef dieses chaotischen Betriebs war ein hitziges Männchen namens Carmine Peppe. Weder Peppe noch sonst einer seiner Mitarbeiter hatten eine formale Ausbildung für ihren schwierigen Job genossen. Der belesene Kosmopolit Steinberg schien an diesen einfachen Handwerkern Gefallen zu finden. Er hütete sich vor Schmeicheleien – was in Peppes Domäne selten vorkam – und schätzte Offenheit. Steinberg mochte auch die Spuren, die der Reproduktionsprozess auf seinen Bildern hinterließ. Er bestand darauf, dass Schmutzkleckse, ausradierte Stellen, ja sogar von der Kamera enthüllte Fingerabdrücke auf den Arbeiten verblieben. Seiner Ansicht nach gehörte das zu jener Sorte Bildern, die für Reproduktionszwecke geschaffen worden waren und nicht zum An-die-Wand-hängen.

Das Cover vom 29. März 1976 – die Weltsicht eines New Yorkers –, das zu meiner Zeit als Art Editor herauskam, brachte den einzigen ernsthaften Streit, den es je zwischen Steinberg und dem Magazin gab. Das Cover wurde noch Jahre nach seinem Erscheinen raubkopiert, plagiiert und parodiert, und der Künstler war der Überzeugung, dass der *New Yorker* nicht hart genug vorgegangen sei, um diesen Missbrauch zu unterbinden. Schließlich verklagte Steinberg ein Filmstudio wegen eines Plakats für den Film *Moscow on the Hudson*, das eindeutig auf seiner Arbeit basierte. Erstaunlicherweise gewann er den Fall. Die finanzielle Regelung war belanglos, Steinberg jedoch jubelte. »Ich wollte nur jemandem in die Fresse hauen«, erklärte er.

Obwohl der *New Yorker*, wie schon erwähnt, nur ungern Künstler publizierte, die bereits etabliert waren, gelang es mir, Shawn zu überreden, Robert O. Blechman und Jean-Jacques Sempé zu engagieren.

Blechmans außergewöhnlich feiner Stil und seine brillanten Ideen hatten ihm bereits eine große öffentliche Aufmerksamkeit beschert, doch die Chance, Titelbilder für uns zu liefern, schien ihn zu seinen besten Arbeiten zu beflügeln. Sein erstes Cover für uns vom 29. April 1974 war, ziemlich untypisch, von aktuellen Ereignissen inspiriert worden: den chronischen Stromausfällen in jenem Sommer (Abb. S. 181). Eines der schönsten Titelbilder, die wir je gedruckt haben, ist das vom 1. Oktober 1979 (Abb. S. 105). Die Impression von Manhattan nach Einbruch der Dunkelheit ist ein sublimes Kunstwerk, und Blechman, der Perfektionist, schickte mehrere Andrucke in die Druckerei zurück, ehe er sich zufrieden gab. Und die Extramühe hatte sich gelohnt.

Den französischen Künstler Jean-Jacques Sempé für den *New Yorker* zu gewinnen, bedurfte einiger Anstrengungen. Zunächst einmal vertraute er seine Arbeiten niemals der Post an. Ich wiederum konnte ihn schlecht um Bilder bitten ohne Zusage, dass das Magazin welche kaufen würde.[3] Das erste Problem lösten wir, indem ich persönlich in Sempés Pariser Studio Arbeiten auswählte und sie in meinem Handgepäck nach New York brachte. Das zweite Problem wurde mit Hilfe eines gemeinsamen Freundes, Edward Koren, behoben. In seinem ausgezeichneten Französisch gelang es Koren, Sempés Bedenken über das merkwürdige Zahlungsgebaren des Magazins zu zerstreuen.

Sempés Mitarbeit beim *New Yorker* währte daraufhin lange und trug viele Früchte. Seine ersten Titelbilder erschienen 1978, und er hat kontinuierlich bis heute, unter den Chefredakteuren Robert Gottlieb, Tina Brown und David Remnick, wunderbare Arbeiten entworfen. Wenn ich diese Bilder betrachte, höre ich ihn mit seinem unwiderstehlichen französischen Akzent sagen: »Ich liebe New York!«

Die nationalen Themen der siebziger und achtziger Jahre, der Vietnamkrieg, die Bürgerrechtsbewegungen, Nixon und Watergate nahmen auch beim *New Yorker* immer mehr redaktionellen Raum ein. Sozusagen als Sedativ in diesen turbulenten Zeiten gab Shawn ruhigeren und dekorativeren Titelbildern den Vorzug. Wenn in den fünfziger und sechziger Jahren die Cover mehr zum Poster tendieren, wie Geraghty meinte, dann neigen die der siebziger und achtziger Jahre mehr zur Postkarte, wie ein Mitarbeiter fand. Die Arbeiten einer Gruppe neuer Talente schien Shawns Vorstellungen genau zu treffen. Robert Tallon, Iris Van Rynbach, Roxie Munro, Jenni Oliver und Susan Davis deckten ein breites Spektrum an Stilen ab, als Gruppe dämpften ihre Bilder den Lärmpegel

RONALD SEARLE
23. JANUAR 1971 (KAT. 107)

erheblich. Gretchen Dow Simpson hob sich innerhalb dieser Gruppe deutlich ab (sie sollte als einzige die kommenden Stürme des Magazins überdauern). Ihre frühen Arbeiten waren eher flächig, dekoraktiv und auf Neu-England-Landschaften konzentriert. Mit den Jahren bekamen ihre Bilder mehr Gefühl und malerische Tiefe (Abb. S. 130 und 131).

Im Jahr 1985 übernahm Advance Publications, das Verlagsimperium der Familie Newhouse, die Kontrolle im Verwaltungsrat des *New Yorker* und zwang seine langjährigen Besitzer, die Familie Fleischmann, zum Verkauf des Magazins.

Um die darauf einsetzende Panik bei den Mitarbeitern des Magazins zu entkräften, schloss S. I. Newhouse, Mitglied des Verwaltungsrats der Advance Buch- und Magazinholding (Alfred A. Knopf und Condé Nast), eine Vereinbarung mit dem Redaktionsstab, in der festgelegt wurde:

1. dass Shawns Nachfolger nur nach vorheriger Konsultation mit leitenden Mitgliedern der Redaktion ernannt werden dufte;

2. dass die eifersüchtig aufrechterhaltene Trennung zwischen den Geschäfts- und Redaktionsbereichen des Magazins beibehalten würde;

3. dass der *New Yorker* unter dem Dach der Holding ein eigenständiges Dasein führen (will sagen, dass er nicht dem Condé-Nast-Zeitschriftenstall einverleibt) würde.

Punkt 3 des Vertrages wurde 1999 gebrochen, als der *New Yorker* offiziell in Condé Nast eingegliedert wurde. Punkt 2 wurde gebrochen, als Tina Brown die Chefredaktion übernahm, und Punkt 1 wurde am 3. Januar 1987 gebrochen, als S. I. Newhouse verkündete, dass William Shawn am 1. März von Alfred Knopfs Chefredakteur Robert Gottlieb abgelöst würde.

Was auf diesen Bombenschlag folgte, darüber ist lang und breit geschrieben worden, am zuverlässigsten in Ben Yagodas kürzlich erschienenem Buch *About Town. The New Yorker and the World it made* (2000). Interessant für den vorliegenden Essay ist vor allem die Frage, welchen Einfluss Robert Gottlieb auf das Design des *New Yorker* hatte. Um es mit zwei Worten zu sagen: einen unmittelbaren und gewaltigen. In der Rubrik »Goings on about Town« brach Farbe aus und ergoss sich wie ein reißender Fluss über das gesamte Magazin. Der Humor kehrte mit einem Vergeltungsschlag (wenn der Ausdruck erlaubt ist) auf die Titel zurück. Das waren gute Nachrichten für die Cartoonisten. Zu den regulären Cover-Künstlern wie Koren, Booth und Steig gesellten sich bald neue Comic-Talente wie Danny Shanahan und John O'Brian und bereits etablierte Mitarbeiter wie J. B. Handelsman, Roz Chast, Arnie Levin und ich (15. Februar 1988, 15. April 1991; Abb. S. 107 und 188). Im Jahr 1992, gerade als die Wogen sich langsam glätteten, wurde Gottlieb selber durch die hochkarätige Ex-Chefredakteurin von *Vanity Fair* und Powerfrau Tina Brown abgelöst.

Tina Brown richtete sogleich eine Fotoredaktion ein und verpflichtete Richard Avedon als offiziellen Fotografen des Magazins. Sie erweiterte die Befugnisse des Illustration Editor Chris Curry und steigerte noch den Einsatz von Farbe. Weder Shawn noch Gottlieb wussten, wie man delegiert; unter Tina Browns Leitung wuchsen Redaktionsassistenten und Co-Editoren wie Pilze aus dem Boden, die praktisch alles, bis auf das Nachfüllen der Filtertüten für die Kaffeemaschine, überwachten. Als diese dramatische Umgestaltung des Redaktionsstabes erfolgte, wurde mir, durch Gottlieb, ein Ruhestandspaket angeboten. Ich wollte unbedingt mehr Zeit für meine eigene Arbeit haben, und nahm das Angebot an. Tina Brown und ich vereinbarten, dass wir so lange zusammenarbeiten würden, bis sie einen Ersatz für mich gefunden hatte.

Tina Browns oberste Priorität, wie sie mir unverblümt erklärte, galt der Verkaufssteigerung an den Zeitungskiosken. Diese Verkaufszahlen sind für potenzielle Anzeigenkunden immens wichtig, und beim *New Yorker* waren diese Werte schon immer ziemlich niedrig gewesen. Das bedeutete, dass zum ersten Mal in der Geschichte des Magazins die Titelbilder mehr tun mus-

R. O. BLECHMAN
1. OKTOBER 1979 (KAT. 35)

sten als unterhalten, sie mussten verkaufen. Damit hatte sich der Kreis geschlossen. Die Cover wurden kühner, sogar kontrovers. Zum ersten Mal vergaben wir Aufträge für Titelbilder, die Bezug zum redaktionellen Inhalt haben sollten. In den nächsten sechs Monaten durchforstete ich mein Adressbuch auf der Suche nach potenziellen Cover-Künstlern. Einigen wenigen Künstlern wie Red Grooms und Arnie Roth gelangen ein oder zwei Entwürfe, aber nur Art Spiegelman und Edward Sorel hielten sich unter Tina Brown und machten unter David Remnick weiter.

Anfang 1993 verpflichtete Tina Brown Françoise Mouly, Mitbegründerin und Art Editorin des Magazins *RAW*, als verantwortliche Cover Editorin. Mir wurde angeboten, in Teilzeit als Cartoon Editor weiter zu arbeiten. Ich nahm an und blieb bis 1997, als Tina Brown mich durch den Cartoonisten Robert Mankoff ablöste.

Von Robert Gottlieb über Tina Brown bis zu David Remnick verlief die Newhouse-Ära ziemlich turbulent, dennoch glaube ich, dass das regelmäßig prophezeite Hinscheiden des Magazins voreilig ist. Alles Lebende unterliegt ständigen Veränderungen, und der *New Yorker* hat sich seit seiner Geburtsstunde immer wieder neu erfunden. In dieser aufgeputschten Welt des E-commerce und Infotainment steht der *New Yorker* weiterhin für Mitgefühl, Aufrichtigkeit und gesunden Menschenverstand. Und damit agiert er immer noch getreu Ross' ursprünglicher Vorstellung: »Das Magazin wird human sein. Sein allgemeiner Tenor wird heiter sein. Gelaber ist ihm ein Gräuel.«

1 Rea Irvins legendäres Eustace-Tilley-Cover zierte jedes Jahr das Februar-Heft, dessen Erscheinungstermin dem 25. am nächsten lag. Das Titelbild des Geburtstagsheftes vom 21. Februar 1994 zeigte zum ersten Mal nicht den originalen Eustace Tilley, sondern die Paraphrase von Richard Crumb, *Elvis Tilley* (Abb.).

2 Der Farbbalken, das Erkennungszeichen jedes *New-Yorker*-Titels, war Ross' Idee. Er soll einen Buchrücken andeuten und hat zudem den praktischen Vorzug, dass die gedruckten Proportionen des Covers ausgeglichen werden können, ohne das Bild beschneiden zu müssen.

3 Bis zur Übernahme der Chefredaktion durch Tina Brown im Jahr 1992 hat der *New Yorker* niemals Cover in Auftrag gegeben.

RICHARD CRUMB
21. FEBRUAR 1994

LEE LORENZ
15. FEBRUAR 1988 (KAT. 81)

SAUL STEINBERG
31. JANUAR 1970 (KAT. 137)

SAUL STEINBERG
6. JUNI 1970 (KAT. 138)

SAUL STEINBERG
18. JULI 1970 (KAT. 139)

ANDRÉ FRANÇOIS
23. DEZEMBER 1972 (KAT. 53)

CHARLES ADDAMS
4. JULI 1970 (KAT. 5)

CHARLES ADDAMS
14. NOVEMBER 1970 (KAT. 6)

RONALD SEARLE
25. DEZEMBER 1971 (KAT. 108)

RONALD SEARLE
17. FEBRUAR 1973 (KAT. 109)

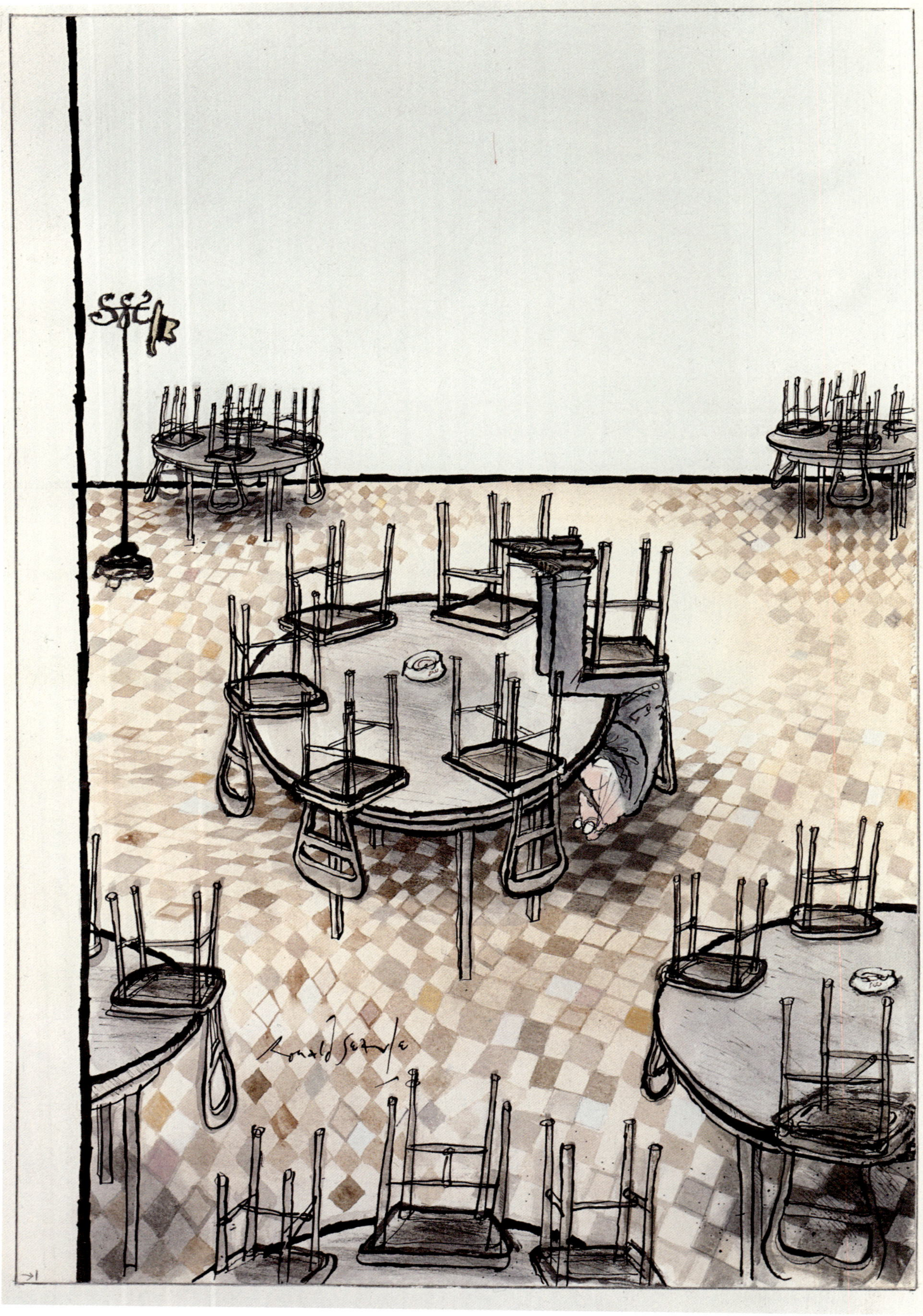

RONALD SEARLE
31. MÄRZ 1973 (KAT. 110)

JEAN-JACQUES SEMPÉ
17. SEPTEMBER 1979 (KAT. 112)

SAUL STEINBERG
3. MAI 1976 (KAT. 142)

EDWARD KOREN
31. DEZEMBER 1979 (KAT. 74)

CHARLES ADDAMS
19. DEZEMBER 1977 (KAT. 7)

WILLIAM STEIG
29. MAI 1971 (KAT. 130)

SAUL STEINBERG
7. JANUAR 1980 (KAT. 143)

ANDRÉ FRANÇOIS
1. APRIL 1985 (KAT. 56)

JEAN-JACQUES SEMPÉ
13. JULI 1981 (KAT. 113)

WILLIAM STEIG
5. JULI 1982 (KAT. 133)

JEAN-JACQUES SEMPÉ
12. SEPTEMBER 1983 (KAT. 114)

GEORGE BOOTH
23. JANUAR 1984 (KAT. 41)

GRETCHEN DOW SIMPSON
9. AUGUST 1982 (KAT. 119)

GRETCHEN DOW SIMPSON
17. SEPTEMBER 1984 (KAT. 120)

EDWARD KOREN
26. NOVEMBER 1984 (KAT. 75)

EDWARD KOREN
20. JUNI 1988 (KAT. 76)

R. O. BLECHMAN
2. NOVEMBER 1981 (KAT. 36)

CHARLES E. MARTIN
9. FEBRUAR 1987 (KAT. 85)

JEAN-JACQUES SEMPÉ
9. SEPTEMBER 1985 (KAT. 115)

RONALD SEARLE
1. AUGUST 1988 (KAT. 111)

WILLIAM STEIG
28. NOVEMBER 1988 (KAT. 135)

WILLIAM STEIG
18. APRIL 1988 (KAT. 134)

CHARLES ADDAMS
9. MÄRZ 1987 (KAT. 9)

DER BROADWAY FÜHRT NACH ILLINOIS

ÜBER EUSTACE TILLEY, DIE ALTE LADY AUS DUBUQUE UND DEN NEW YORKER

Lothar Müller

I Eine der über hundert Erzählungen, die der Schriftsteller John Cheever (1912–1982) im *New Yorker* veröffentlichte, beginnt so: »The first time I robbed Tiffany's, it was raining.« Es gibt auch längere Anfangssätze in Cheevers Geschichten, sogar verschachtelte mit Parenthesen und sorgfältig gegliederten Nebensätzen. Aber in den lapidaren Anfängen vom Typ »I sit in the sun drinking gin« hat er es zu einer besonderen Meisterschaft gebracht. Sie kommt nicht von ungefähr. Ein Grundzug der amerikanischen Literatur des 20. Jahrhunderts ist die Kunst der Verknappung, des Weglassens, der Austreibung des Ornaments zugunsten der Andeutung. Die Short Story ist der vorgeschobenste Posten dieser Kunst des Weglassens.

Als nach dem Tod Cheevers Auszüge aus seinen nachgelassenen Tagebüchern im *New Yorker* erschienen, erregten sie vor allem wegen der rauen, Anstößiges nicht meidenden Passagen Aufsehen, in denen der Pulitzer-Preisträger von seiner Ehe, von seinen homosexuellen Obsessionen, seinem Alkoholismus und seinen Depressionen sprach. Aber diese Tagebücher waren nicht nur ein Dokument des Lebens, sondern zugleich ein Selbstporträt des Künstlers. Man findet darin Skizzen, die im Werk wieder auftauchen, man findet Cheevers betroffene Reaktion auf den Selbstmord Ernest Hemingways, manchmal huschen Kollegen wie Saul Bellow oder Philip Roth durch die Zeilen. Vor allem aber ist hier ein Erzähler auf der Suche nach dem richtigen Ton. Einmal, im Jahr 1975, hält er sich die historische Stimmgabel ans Ohr und schreibt dann eine kleine Genealogie von Anfangssätzen, die als Einführung in die amerikanische Literatur des 20. Jahrhunderts nicht leicht zu übertreffen ist:

> Im Russland der sechziger oder siebziger Jahre des vergangenen Jahrhunderts hätte man geschrieben: »Das winzige Dorf X, einhundertsiebenundzwanzig Werst von Moskau entfernt, wurde in der Enzyklopädie als jener Ort erwähnt, in dem ein Landbesitzer erfolgreich einen Hund mit einer Katze kreuzte.« In

Frankreich hätte man, etwas früher, geschrieben: »Le peu que nous savons de la petite ville de B--, nous savons parce que là se trouve un homme à deux têtes.«[1] In meinem eigenen Land hätte man in den Fünfzigern und Anfang der Sechziger geschrieben: »Die winzige Fabrikstadt Pearl River war eine jener kleinen Industrieansiedlungen, die den Autofahrer mit einem Schild begrüßen, auf dem die Worte ›ALT AN TRADITION, JUNG AN WACHSTUM‹ stehen, und die unter einer einzigen Postleitzahl aufgeführt sind.« Heutzutage bleiben uns Gott sei Dank diese Euphemismen erspart, und wir können kurz und bündig sagen: »Das winzige Dorf Pearl River war ein Scheißkaff.«

Schwerelos verfliegt in dieser eleganten Miniatur der Mythos von der Selbstzeugung amerikanischer Literatur, vom vorgeblich unmittelbaren Zugriff des amerikanischen Erzählens auf seine Stoffe. Cheever macht mit seiner Stimmgabel in den ersten Sätzen einer scheinbar typisch amerikanischen Story aus der Mitte des 20. Jahrhunderts das Echo russischer oder französischer Romane und Erzählungen des 19. Jahrhunderts hörbar. Seine Geschichten finden in dem Echoraum statt, den die kleine Genealogie von Anfangssätzen entwirft. Die Helden französischer Romane oder der Erzählungen Tolstois und Tschechows kommen zu Enkeln in der amerikanischen Provinz; Petersburg und Moskau werfen ihre Schatten über New York. Cheevers Spiel läuft am Ende auf einen sehr kurzen Satz zu. Es ist ein Schlusssatz, der viele lakonische Anfangssätze kommentiert. Und das Rauerwerden des Tons im 20. Jahrhundert.

II Überall Zylinder. Schwarz schimmernd, mit mondän geschwungener Krempe sitzen sie auf den Köpfen der Herren, als seien sie dort angewachsen. Aber doch so, dass sie sich jederzeit zum Gruß eines Passanten oder Bekannten in der Menge lüften lassen. Der Maler Edouard Manet war unerschöpflich darin, der Unfarbe Schwarz immer neue Nuancen abzugewinnen, und er war ein unermüdlicher Porträtist der Stadt, in der er lebte, ein Physiognomiker der Metropole Paris. Die vielen Zylinder auf seinen Bildern sind Schnittpunkte dieser beiden Eigenschaften. Draußen, auf der Seine, auf den Booten bei Argenteuil mag man Strohhüte tragen. Zu den Boulevards und zum Café Tortoni gehören die Zylinder, die extravaganten Hüte und blassblauen Schleifen der Damen. Sie sind Requisiten des großstädtischen Publikums, das Manet wie einen noch jungen Kontinent entdeckt, als ein Kolumbus der sozialen Welt. So sieht man auf dem Bild *La Musique aux Tuileries* weder Musiker noch Instrumente, sondern nur das Publikum. Aus seiner bewegten Oberfläche, über der man eine unsichtbare Klangwolke aus Konversationstönen ahnt, ragen die Zylinder heraus wie die Schornsteine aus dem Häusermeer. Manet wird sie beim Maskenball in der Oper, im Café-Concert verfolgen, und am Ende seiner Entdeckungsreise, in der *Bar in den Folies-Bergères*, wird er die Zylinder in jenen Zauberspiegel hinter der Theke hineinmalen, der die mondäne Oberfläche auf die in ihr verborgene Melancholie hin durchsichtig macht.

Paris, die Hauptstadt des 19. Jahrhunderts, hatte bedeutende Botschafter: in den Romanen von Honoré Balzac bis Emile Zola, in den Komödien und Operetten, in der frühen Fotografie und der modernen Presse, in der Malerei Manets und der Impressionisten. New York, die Hauptstadt des 20. Jahrhunderts, stand dem nicht nach. Es nahm die europäisch geprägte Mythologie der Metropole in sich auf und modernisierte sie zugleich: im Film und in der Fotografie, im Jazz und im Musical, in der Pop Art, den Postern und Aufdrucken auf T-Shirts. Die Retrospektiven, die im vergangenen Jahrzehnt in Europa wie in Amerika die Mythologie der Metropole noch einmal aufleben ließen, hatten etwas von einem Abschied. Denn das 21. Jahrhundert wird keine Hauptstadt mehr haben.

Der elegante, leicht blasierte Herr auf dem Titelblatt der ersten Ausgabe des *New Yorker*, der mit fast geschlossenen Lidern durch sein Augenglas einen Schmetterling betrachtet, ist eine Schwellenfigur zwischen 19. und 20. Jahrhundert, alter und neuer Welt (Abb. S. 25). Seine europäischen Vorfahren, die Dandys von London und Paris, kann er nicht verleugnen. In seinen Umrissen, zumal im Band des Augenglases, vibriert die Linie des Jugendstil nach. Sein Spitzname ist so gespreizt wie sein Gebaren: Eustace Tilley. Auf dem Kopf trägt dieser amerikanische Gentleman, den man für spitzzüngig, schlagfertig und sophisticated wird halten dürfen, einen schwarz schimmernden Zylinder, der fast an den Schriftzug THE NEW YORKER stößt. So posiert der junge Mann für ein Magazin, das den Namen der Stadt im Titel trägt.

Was mag dieser Eustace Tilley lesen wollen, wenn er nicht gerade Schmetterlinge oder Cartoons oder Schmetterlinge in Cartoons betrachtet? Es gibt dazu eine Geschichte aus der Frühzeit des *New Yorker*. Sie besagt, dass das Magazin nach dem Start eher schlecht als recht vor sich hin dümpelte und erst in Fahrt kam, als Ende November 1925 der Artikel »Why we go to the Cabarets. A post debutante explains« erschien und in der New Yorker Gesellschaft Aufsehen erregte. Seine Autorin, Ellin Mackay (gest. 1988), entstammte den entschieden besseren Kreisen und attackierte auf dem Höhepunkt der Saison die Institution der Debütanten-Bälle. Das Bekenntnis zum Kabarett war eine Provokation, die in den Ohren der Eltern-Generation wie der Aufruf zum Bruch mit allen Konventionen distinguierten Verhaltens wirken musste. Der Artikel war zudem der Auftakt einer kleinen Fortsetzungsgeschichte, in der die Überlagerung von Kultur- und Generationenkonflikt publikumswirksam in einen Skandal mündete, als Ellin Mackay gegen den ausdrücklichen Willen ihres einflussreichen Vaters den Komponisten Irving Berlin heiratete, der seinen Erfolgen zum Trotz für die besseren Kreise der unstandesgemäße kleine Izzy Baline von der Lower East Side geblieben war. Es ließe sich von hier aus leicht eine Geschichte des *New Yorker* schreiben, die ganz um das Genre des »Talk of the Town« zentriert wäre. Sie könnte sich auf die programmatische Formel stützen, die Harold Ross, dem übrigens der Artikel von Ellin Mackay ursprünglich gar nicht zusagte, in der Ankündigung des Magazins geprägt hatte: »*The New Yorker* will be a reflection in word and picture of metropolitan life.«[2] Und sie könnte den Unterschied akzentuieren, der den *New Yorker* von seinen Vorläufern im ersten Drittel des 20. Jahrhunderts abhob, denn bei seinem Erscheinen gab es in Amerika bereits eine reiche Tradition von Smart Magazines für ein anspruchsvolles Publikum. Frank Crowninshield hatte *Vanity Fair*, das aus dem Jahr 1913 stammte, schon zu einem Vorgriff auf die zwanziger Jahre gemacht. Aber es war kein Zufall, dass hier für den Titel ein englischer Roman Pate gestanden hatte. Die ästhetische Modernität in *Vanity Fair* trug den Akzent der europäischen Avantgarde in Kunst und Literatur von Henri Matisse und Pablo Picasso über Roger Fry bis Aldous Huxley.

Der *New Yorker* fand sein Publikum, indem er die kulturellen Modernitätssignale amerikanisch zentrierte und symbolisch in der Metropole New York verdichtete. Der legendäre Literatenzirkel im Hotel Algonquin war daher sein geeigneter Geburtsort; zum Reservoir der Legendenbildung trug bei, dass Dorothy Parker, die als Theaterkritikerin bei *Vanity Fair* Aufsehen erregt hatte, dabei Hebammendienste leistete. James Thurbers eleganter Humor musste Eustace Tilley gefallen, mit Francis Scott Fitzgerald gehörte ein repräsentativer Autor des Jazz Age zu den frühen Beiträgern.

Aus der Sammlung der zahlreichen Anekdoten, die in den Erinnerungsbüchern ehemaliger Redakteure zirkulieren, ließe sich die Welt des *New Yorker* als eine ewige Dinnerparty beschreiben. Manche Leser haben sich in diese mondäne Mythologie hineingeträumt, um darin mitzuspielen. Isadora Wing zum Beispiel, die von sich bekannte, nicht einfach eine Leserin des *New Yorker* zu sein, sondern in einer selbst geschaffenen *New-Yorker*-Welt zu leben: wo Niccolo Tucci in einem samtenen Dinnerjacket gerade mit Muriel Spark flirtet, während John Updike versehentlich auf die eleganten Schweizer Schuhe Vladimir Nabokovs tritt und in einer Ecke indische Schriftsteller mit irischen Memoirenschreibern um die Aufmerksamkeit der Gäste rivalisieren. Die Szene spielt um 1960, Isadora Wing ist die Hauptfigur in Erica Jongs *Angst vorm Fliegen* (1973). Sie könnte, wenn sie wollte, die Dinnerparty bis in die Gegenwart halluzinieren, von den Attacken Tom Wolfes auf den *New Yorker* in den sechziger Jahren und der verlässlichen Gewohnheit John Updikes, jedes neue Buch von Tom Wolfe im *New Yorker* zu verreißen, bis zu den jüngsten Geburtstagsnummern der Jahre 1999 und 2000, in denen die Mythologie der Metropole noch einmal rauschende Auftritte hatte und Mr. Manhattan persönlich, Woody Allen, nach zwanzig Jahren Abstinenz wieder eine Erzählung beisteuerte, in der die komische Hauptfigur ein New Yorker Psychoanalytiker ist. New York, ein Fest fürs Leben, könnte Isadora Wing noch immer seufzen, und sich in Sehnsucht nach dem Glanz der Happy Few verzehren.

III Der *New Yorker* war ein Kind der Roaring Twenties und des Jazz Age, aber seine große Zeit begann erst, als die Nachkriegsfröhlichkeit endgültig verflogen war. Ohne für die mondäne Welt und die kulturellen Eliten interessant zu sein, hätte er sich in der Rivalität der Magazine nicht etablieren können. Aber die Auflagensteigerung von ein paar Tausend zu Beginn bis auf 400 000 Exemplare um 1930 setzte die Erschließung neuer Themen, neuer Tonarten, neuer Genres und ein Publikum jenseits der Happy Few voraus.

Der Börsenkrach des Jahres 1929 und die Weltwirtschaftskrise, die Prohibition und die Dämpfung der Fortschrittsbegeisterung und des Optimismus der Vorkriegszeit konnten einen intelligenten Gentleman von der Art Eustace Tilleys nicht unbeeindruckt lassen. Hätte der *New Yorker* ihm immer nur Schmetterlinge vors Augenglas tanzen lassen, so wäre das in den härter werdenden Zeiten zu wenig gewesen. Ohne die große Depression wäre er seinen Kinderschuhen wohl nicht so schnell entwachsen.

Die kunstvolle Naivität des Blicks auf das Naheliegende und die Einfachheit der Sprache in den Essays von E. B. White, der auch Kinderbücher schrieb, hatte immer schon den Gefahren eines allzu ambitionierten Stils vorgebeugt. Nun, in den dreißiger Jahren, wuchsen dem *New Yorker* Töne und Talente zu, die ihm ein weiter gefächertes Spektrum eröffneten, als ein mehr oder weniger sophisticated und witzig gemachtes Unterhaltungsmagazin zu sein. Während *Vanity Fair* im Jahr 1936 wieder in der *Vogue* aufging, blühte im *New Yorker* jenes Genre mehr und mehr auf, dem härter werdende Zeiten eher nützen als schaden: die Reportage. Mehr und mehr rückte dabei über New York Amerika insgesamt ins Blickfeld, und zugleich gewann der Blick auf die Metropole selbst an Tiefenschärfe. New York wurde in den Reportagen der dreißiger Jahre dunkler, die Orte der Mode und die gesellschaftlichen Treffpunkte erhielten in den Fischmärkten, Boxhallen und Hinterzimmern politischer Versammlungen neue Nachbarschaft.

Zu den Schlüsselfiguren dieses Aufschwungs der Reportage und des Porträts gehörten Abbott Joseph Liebling (1904–1963) und Joseph Mitchell (1908–1996). Liebling war ein Sohn jüdischer Einwanderer und in Manhattan aufgewachsen, Mitchell stammte aus einer Farmer-Familie in North Carolina. Beide hatten Zeitungserfahrung, beide suchten und fanden auf den Straßen New Yorks ihre Stoffe und ihren Ton. Eine Sammlung von Mitchells Reportagen *Up in the Hotel* (1992) wurde noch zu Lebzeiten des Autors ein später Erfolg. Charakteristisch für Mitchells ausgeprägtes Interesse an Außenseitern, darunter den Sinti und Roma, ist seine langjährige Beschäftigung mit dem verkrachten Original Joe Gould. Zweimal hat er den kauzigen, verwahrlosten Bohemien, der parasitär von Restaurantbesitzern und Intellektuellen im Village lebte, für den *New Yorker*

JAMES THURBER
9. FEBRUAR 1946 (KAT. 145)

porträtiert. Der Artikel »Professor Möwe« erschien im Dezember 1942, der längere Beitrag »Joe Goulds Geheimnis« im September 1964, als der Porträtierte schon sieben Jahre tot war. Von Sozialromantik sind beide Fassungen, die kürzlich auch auf deutsch erschienen sind, weit entfernt. Aber nur die erste Version ist eine klassische Reportage, bei der der Autor ganz hinter seinen Gegenstand zurücktritt. Vom Präsens des nach dem Leben gezeichneten Porträts wechselt Mitchell in der zweiten Fassung in das Imperfekt des Erzählers. Von Beginn an erscheint Joe Gould, der lose mit E. E. Cummings bekannt war und wegen einiger verstreuter Texte von William Saroyan als Modell kunstlosen Schreibens bewundert wurde, bei Mitchell als ein verzerrter Doppelgänger der Literaten und Künstler. Aber je mehr er sich mit dem Schwadroneur und Lebenskünstler beschäftigt, desto mehr rückt dessen eigentümliches Großprojekt in den Mittelpunkt: »An oral history of our time«, die erzählte Geschichte unserer Zeit. Darin, so die von Gould selbst verbreitete Legende, habe er alle Beobachtungen seiner Nachtwanderungen, alle banalen, schrecklichen und grotesken Vorkommnisse auf den dunklen Straßen New Yorks aufgeschrieben, alle Gespräche und Lebensgeschichten, die ihm zu Ohren kamen, aufgezeichnet, um für New York das zu leisten, was einst Edward Gibbon in *Verfall und Untergang* für Rom getan habe.

Das Geheimnis, von dem der Titel des zweiten Textes über Gould spricht, ist die Nicht-Existenz des Konvoluts von Manuskripten, die der Lump und Lumpensammler in einer grandiosen Geste der Harvard Library vermachen wollte. Das klingt nach einer trocken-komischen Pointe am Ende einer Geschichte über einen seltsamen komischen Vogel der Nacht. Aber in ›Joe Goulds Geheimnis‹ ist Joe Gould nur scheinbar die Hauptfigur. Die eigentliche Hauptfigur ist der Erzähler selbst, der Reporter. Mitchell gibt sich hier die Lizenz zu einer in der Ich-Form geschriebenen Geschichte, um das eigene Metier zur Darstellung zu bringen. »Die erzählte Geschichte unserer Zeit« erscheint dabei nicht nur als Wahnidee eines heruntergekommenen Intellektuellen, sondern als ein imaginäres Porträt der idealen Reportage, in der die Stadt selbst ihre Stimme erhebt.

Joseph Mitchell hat nach »Joe Goulds Geheimnis« so gut wie nichts mehr geschrieben und dadurch den programmatischen Charakter des Textes eher unterstrichen. Als dieser erschien, konnte er auf aufmerksame Leser rechnen, denn wieder einmal war die Kunst der Reportage en vogue. Truman Capotes Aufsehen erregende Mordgeschichte *Kaltblütig*, die Überbietung des Romans durch die Reportage, erschien in vier aufeinander folgenden Nummern im *New Yorker* des Jahrgangs 1965.

Aber der viel gepriesene New Journalism der sechziger Jahre, so lässt sich an Autoren wie Mitchell ablesen, war kein Neuanfang, sondern eine Verjüngung der in den dreißiger Jahren begründeten Tradition. Auf deren Aufmerksamkeit für die Boxer und Baseballspieler konnte John McPhee aufbauen, als er über den Basketballstar Bill Bradley schrieb, und noch David Remnick, der gegenwärtige Chefredakteur des *New Yorker*, erweist in seinem jüngst erschienenen Buch über Cassius Clay dieser Tradition Reverenz. Für ein liberales, intellektuell ambitioniertes Publikum stellte der *New Yorker* einen idealen Resonanzraum prägender Tendenzen der Kulturentwicklung zur Verfügung, gerade weil er sich weder auf das Milieu dieses Publikums noch auf die Selbstdarstellung New Yorks beschränkte. Über national relevante Themen wie etwa den Rassenkonflikt zwischen schwarzen und weißen Amerikanern hinaus gewann zudem mit dem Aufstieg der Vereinigten Staaten zur dominierenden Weltmacht das internationale Geschehen an Bedeutung. Schon in den jungen Jahren des *New Yorker* berichteten Korrespondenten aus den europäischen Metropolen. Janet Flanner, die nach Paris gegangen war, schrieb 1935 für das amerikanische Publikum ein dreiteiliges Porträt Adolf Hitlers mit dem lakonischen Titel »Führer«.

Wie die dunklen Seiten Amerikas warfen die Katastrophen des 20. Jahrhunderts ihre Schatten über den *New Yorker.* Für John Herseys Reportage »Hiroshima« wurde mit allen formalen Konventionen gebrochen: sie allein füllte im Jahr 1946 eine ganze Nummer. William Shawn, Chefredakteur von 1952 bis 1987, setzte die Kultivierung der umfangreichen Reportage, die sich über mehrere Ausgaben erstrecken konnte, fort. Als Folge von Artikeln im *New Yorker* machte Hannah Arendts »Eichmann in Jerusalem« (1963) Furore, noch ehe in Amerika und Europa die Buchfassung herauskam, so wie ein Jahr zuvor James Baldwins »Letter from a Region in my Mind« zunächst im *New Yorker* erschienen war, ehe er ein Teil des Buches *The Fire next Time* (1963) wurde. So rückte immer wieder, etwa in den Berichten über die Kommunistenverfolgungen der fünfziger Jahre oder den Reportagen über zerstörte vietnamesische Dörfer, die etwa Jonathan Shell in den Sechzigern schrieb, die Zeitgeschichte an die Seite des Schmetterlings, den Eustace Tilley ursprünglich hatte betrachten wollen.

IV Zu den von Wolcott Gibbs im Jahr 1937 verfassten Richtlinien für Redakteure des *New Yorker* gehörte der Hinweis, der Leser eines Magazins mit diesem Titel gehe davon aus, dass eine darin veröffentlichte Geschichte ihren Schauplatz in New York habe. Darum sei zu empfehlen, wenn eine Geschichte etwa in Columbus, Ohio, spiele, dies an geeigneter Stelle ausdrücklich zu erwähnen. Harold Ross hatte 1924 in seiner Ankündigung des neuen Magazins geschrieben: »The New Yorker will be the Magazine which is not edited for the old Lady in Dubuque. It will not be concerned in what she is thinking about.«[3] Dubuque liegt ein Stück westlich von Chicago am Oberlauf des Mississippi, im Grenzgebiet von Wisconsin, Iowa und Illinois. Henry L. Mencken, einer der Macher des Magazins *Smart Set* hatte in den Namen Dubuque das Loblied der Provinzstadt hineingeschrieben. Ross schien das mit der prononcierten Adressierung seines Magazins an das großstädtische Publikum zu revidieren. Aber er selbst und viele seiner besten Redakteure stammten aus der Provinz. Es mag sein, dass der *New Yorker* auf manche Ansichten der alten Dame aus Dubuque keine Rücksicht nehmen konnte. Aber auf sie selbst und ihre Welt musste er Rücksicht nehmen. Aus der Geringschätzung der Provinz pflegen nur die Eintagsfliegen unter den Magazinen der Metropolen hervorzugehen. Die dauerhaft Weltneugierigen können sich diesen Snobismus der Parvenues nicht leisten.

Wenn es einen bevorzugten Ort gibt, an dem im *New Yorker* die Brücke vom großstädtischen Publikum um Eustace Tilley zur alten Lady von Dubuque geschlagen wurde, so war dies die Rubrik »Fiction«, die literarische Erzählung. Sie kam im Gründungsprospekt, wie die Literatur insgesamt, nur am Rande vor. Aber sie wuchs mit dem Magazin, vor allem seit den dreißiger Jahren, parallel zum Aufschwung der Reportage. Dem Typ von Short Story, für dessen charakteristischen Ton der *New Yorker* berühmt wurde, dürfte zugute gekommen sein, dass er von der Verpflichtung aufs Urbane und Mondäne von Beginn an entlastet war. Die festen Rubriken des »Talk of the Town«, des Porträts, der Reportage waren wie die Cartoons den Stories als stabile Nachbargrößen vorgegeben, denen sie sich als ebenso festes Genre mit ebenso festen eigenen Gesetzen an die Seite stellen konnten. Die geschmacks- und formprägende Funktion des *New Yorker* ergab sich nicht allein daraus, dass er kontinuierlich den Autoren eine Plattform bot. Sondern ebenso sehr aus der Vielzahl von Ablehnungsschreiben und Überarbeitungsaufforderungen der Redaktion. Seit 1994 das der Public Library übergebene Archivmaterial des *New Yorker* der öffentlichen Auswertung zugänglich ist, ist dieses Geflecht der Autorenbeziehungen sehr viel deutlicher hervorgetreten als in der anekdotischen Erinnerungsliteratur. Editionen mit Briefwechseln der Herausgeber und Redakteure oder Studien wie jüngst Ben Yagodas *About Town. The New Yorker and the World it made*

(2000) haben en détail gezeigt, welch entscheidende Funktion dem Lektorieren und Redigieren der eingesandten Geschichten zukam. Nicht ihre allgemeine poetische Qualität, sondern ihre Tauglichkeit für das literarische Profil des *New Yorker* stand dabei zur Diskussion. Individuelle Vorlieben und Abneigungen der ›Fiction‹-Redakteure waren gewiss im Spiel. So hat der Umstand, dass Somerset Maugham immer wieder abgelehnt wurde, bestimmt damit zu tun, dass Gus Lobrano ihn nicht schätzte. Doch lässt die Liste der abgelehnten Autoren zugleich erkennen, welche Standards allgemein galten. Sie zeigt, dass das Magazin sich den Formexperimenten der avancierten Moderne stets verschloss. Man wird zwar John Cheever und Irwin Shaw, aber weder William Faulkner noch Gertrude Stein im *New Yorker* finden, und später weder William Gaddis noch Thomas Pynchon, aber John Updike und Cynthia Ozick. Elliptische Verrätselungen wurden stets mit der Bitte um Vereinfachung zurückgesandt, kalkulierte Mehrdeutigkeiten mit der Bitte um mehr Eindeutigkeit versehen. Es dauerte zudem seine Zeit, bis sich der *New Yorker* wie in den Reportagen auch in der Rubrik ›Fiction‹ den düsteren Seiten des Lebens zuzuwenden begann. Zunächst wurde sehr darauf geachtet, dass die Geschichten in einem wohltemperierten Klima jenseits der Exzesse und Katastrophen stattfanden. Als Irwin Shaw 1935 eine eher deprimierende Erzählung einsandte, erhielt er von der Redaktion die Antwort, in einem Magazin, das vor allem von der Heiterkeit und vom Witz geprägt sei, lasse sich für eine so traurige, so unglückliche Geschichte kaum ein Platz finden. Noch in den frühen vierziger Jahren explodierte Shaw, der nun einmal eine melodramatische Ader hatte, gegenüber Gus Lobrano:

> The trouble is, I think, that you're overworking your famous urbanity and objectivity to a point where too much of your stuff has a high, even gloss, whether it's on the subject of death, disaster, love, anything. There is no reason for losing urbanity, but there is place for emotion, place for personal writing, too.[4]

Der Bevorzugung des mittleren Tons und Klimas entsprach die Distanz des *New Yorker* zur Milieuliteratur von den Rändern der Gesellschaft. So kam zwar J. D. Salinger, nicht aber Jack Kerouac zum Zuge, und ein deutscher Leser, der nach so etwas ›typisch Amerikanischem‹ wie Charles Bukowski ausgerechnet im *New Yorker* suchte, würde leer ausgehen. Es dauerte lange, ehe sich auch hier die Four-Letter-Words gegen die jahrzehntelange Bannung des ostentativ Rüden und Obszönen durchsetzten.

Yagoda erzählt in seinem Buch eine Geschichte aus dem Archiv des *New Yorker*. Darin schickt im Jahr 1972 eine junge Englischlehrerin namens Anne Beattie eine Erzählung mit dem Titel »Blue Eggs« ein, die auf dem Schreibtisch des Redakteurs Roger Angell landet, der den Text sehr ernst nimmt. Das erkennt man daran, dass er in den nächsten 22 Monaten 13 Geschichten von Anne Beattie erst begutachtet und dann ablehnt. Irgendwann bittet er sie um »a very quiet and modest story«, um eine Geschichte, die nichts beweisen will und den Leser wie absichtslos an ihren Entdeckungen teilhaben lässt. Im November 1973 schickt Anne Beattie die Geschichte »A platonic Relationship«. Im Begleitschreiben steht, sie glaube, damit dem Wunsch Angells entgegengekommen zu sein. Ihr sei das nicht leicht gefallen: »to write a simple story«. Und sie fügt hinzu, was sie darunter versteht: »no times shifts, characters named, backgrounds understandable, and hopefully not entirely depressing«.[5]

Nein, der *New Yorker* war nie ein Organ der literarischen Avantgarde. Aber was er dadurch womöglich versäumte, hat er auf dem Gebiet der Simple Stories, denen er sich mit Hingabe verschrieb, mehr als wettgemacht. Seit Katharine White in den zwanziger Jahren waren dabei die »Fiction«-Redakteure die Schlüsselfiguren der Formprägung und Traditionsbildung. William Maxwell, der im Jahr 1936 mit der Geschichte »Mrs. Farnham puts her foot down« im *New Yorker* debütierte und danach über vier Jahrzehnte hinweg für das Magazin als literarischer Redakteur tätig war, ist hierfür exemplarisch. Die Liste der von ihm betreuten Autoren reicht von John Cheever und John O'Hara über Vladimir Nabokov bis zu John Updike und Harold Brodkey.

Maxwell ist 1909 geboren und stammt aus Lincoln, Illinois, von wo es sehr viel näher nach Dubuque als nach New York ist. Die Einleitung zu dem Band *All the Days and Nights* (1995), der Erzählungen Maxwells aus fünf Jahrzehnten zusammenstellt, beginnt mit einer Szene im New Yorker Hafen, unweit von Coney Island. Der junge Maxwell, 25 Jahre alt, will dort an Bord eines Viermasters gehen, weil er glaubt, man müsse als Schriftsteller etwas Bedeutendes erleben, ehe man sich hinsetzen und darüber schreiben könne. Der alte Maxwell schaut ihm bei diesem Versuch, auf den Spuren Joseph Conrads zu wandeln, distanziert über die Schulter. Er gibt zu bedenken, dass der junge Mann, ohne es zu wissen, drei Viertel seines Materials als Schriftsteller bereits zur Verfügung hat: die Erinnerung an die Familie, an die Verwandten, an die Dinge und das Wetter in Lincoln. Und er hat eine Formel für das literarische Vorhaben, das er an die Stelle der erträumten Abenteuer setzt – die Naturgeschichte der eigenen Herkunft. Sie ist der Kern eines Projekts, das man als literarische Ethnologie Amerikas im 20. Jahrhundert, seiner Metropolen wie seiner Provinzen, beschreiben könnte. Maxwell selbst hat dazu in seinen Erzählungen und in Romanen wie *The Folded Leaf* (1945), *Time will darken it* (1946) und *So long, see you tomorrow* (1980) beigetragen. An seinem vor einigen Jahren veröffentlichten Briefwechsel mit dem irischen Schriftsteller Frank O'Connor (1903–1966), der zwischen 1945 und 1961 gut fünfzig Erzählungen zum *New Yorker* beisteuerte, lässt sich nicht nur studieren, wie streng und skrupulös zugleich er das Prinzip der Simple Stories handhabte, sodass die Ideale der Einfachheit, Schlankheit und Transparenz des Erzählens nie zum Aufkommen des Einfältigen auf Kosten des Hintergründigen führten. Es wird zugleich deutlich, wo der Fixpunkt jenseits der Avantgarde lag, an den Maxwell in seinen Urteilen wie in seiner Lektüre immer wieder zurückkehrte: in der russischen Literatur seit der Mitte des 19. Jahrhunderts, vor allem bei Tschechow. Dessen Erzählungen waren der Maßstab geblieben, nachdem sich Maxwells frühe Begeisterung für die Auflösung alles Festen in der Prosa bei Virginia Woolfe gelegt hatte. Im Dialog mit Frank O'Connor, der zu James Joyce in einem eher gespannten Verhaltnis der Rivalität stand, ist auf Schritt und Tritt die besondere Bedeutung greifbar, die der irische wie der amerikanische Anwalt kunstvoller Einfachheit dem Genre der kurzen Erzählung beimaßen. Sie begriffen diese nicht als Keimzelle der Großform des Romans, sondern als Produkt des Weglassens allen Beiwerks zugunsten des Anschaulich-Essentiellen, als Verwandte lyrischer Poesie auf dem Gebiet der Prosa. Nicht an der Seitenzahl allein bemisst sich aus dieser Sicht das Qualitätsmerkmal des ›kurzen‹ Erzählens. Der Romancier und Erzähler Richard Ford konnte deshalb seinem 1998 im *New Yorker* publizierten Bekenntnis zum Vorbild Raymond Carvers die Bewunderung für William Maxwells »short novel« an die Seite stellen. Damit war *So long, see you tomorrow* gemeint. In dieser Geschichte aus Lincoln, Illinois, halten sich die Intensität der Beobachtung und die der Erinnerung die Waage.

In den Tagebüchern John Cheevers, der auf seine Weise die Tschechow-Tradition fortsetzte, findet sich im Jahr 1963, nach dem Besuch eines Baseballstadions, der Eintrag:

> Ich glaube, die Aufgabe eines amerikanischen Schriftstellers besteht nicht darin, die Bedenken einer ehebrecherischen Frau zu beschreiben, während sie durchs Fenster den Regen betrachtet, sondern vierhundert Menschen zu beschreiben, die im Scheinwerferlicht die Hände nach einem foul ball ausstrecken.

Es gehört zu den Qualitäten vieler der im *New Yorker* veröffentlichten Geschichten, dass sie sich dieser Alternative so wenig fügten wie Cheever selbst und auch nicht jener anderen Alternative, die den mondänen

Eustace Tilley und die alte Lady aus Dubuque so weit auseinander rückte. William Maxwells Erzählung *A Game of Chess* (1965) über zwei grundverschiedene, feindliche Brüder mag im Waldorf-Astoria in New York spielen, aber die Kindheit in der Provinz ist immer nur einen Gedanken weit entfernt.

Nur in einer elliptischen Form lassen sich die Pole unterbringen, um die sich in den Geschichten des *New Yorker* alles bewegt: Metropole und Provinz, Baseball und Ehebruch, Gleichmaß und dramatische Verdichtung der Zeit. Die Nervosität, Ruhelosigkeit und vor allem Einsamkeit der großstädtischen Nächte von J. D. Salingers »Slight Rebellion off Madison«, die im Roman *Der Fänger im Roggen* aufging, bis zu Donald Barthelmes Geschichten, von denen Max Frisch eine in sein *Montauk* (1975) hineinmontierte, und die explosiven Mischungen von Langsamkeit und Plötzlichkeit in der Provinz gehören zusammen. Ebenso die lässig-frivolen Schlagfertigkeiten bei Dorothy Parker oder Mary McCarthy und die bedächtigen Repliken der Großväter oder Onkel bei John Cheever, William Maxwell oder Eudora Welty, deren Roman *The Ponder Heart* erstmals 1953 im New Yorker erschien.

So gehört, nicht zuletzt für den europäischen Leser, zu den großen Reizen Amerikas, wie es sich im *New Yorker* abbildet, seine imaginäre Geografie: dass hier der Broadway direkt nach Lincoln, Illinois, oder Jackson, Mississippi, führt, dass der Hudson durch Irland und durch das Russland Tschechows fließt.

1 »Das Wenige, was wir über den kleinen Ort B. wissen, wissen wir, weil es dort einen Mann mit zwei Köpfen gibt.«

2 »Im *New Yorker* wird sich das großstädtische Leben in Wort und Bild widerspiegeln.«

3 »Der *New Yorker* wird nicht gerade ein Magazin für die alte Lady aus Dubuque, Ohio, sein. Er wird auf die Ansichten der alten Dame keine Rücksicht nehmen können.«

4 »Also, ich finde, Sie übertreiben es nachgerade mit Ihrer viel gerühmten weltmännischen Objektivität. Ihre Texte sind schicke Hochglanzprodukte, egal, ob es dabei um Tod, Katastrophen, Liebe oder sonst was geht. Man braucht das Weltmännische ja nicht aufzugeben, aber es muss doch auch möglich sein, persönliche, emotionale Beiträge zu schreiben.«

5 »... keine Zeitsprünge, namentlich bezeichnete Personen, nachvollziehbare Verhältnisse und, wie ich hoffe, nicht allzu deprimierend.«

R. O. BLECHMAN
26. FEBRUAR/4. MÄRZ 1996 (KAT. 38)

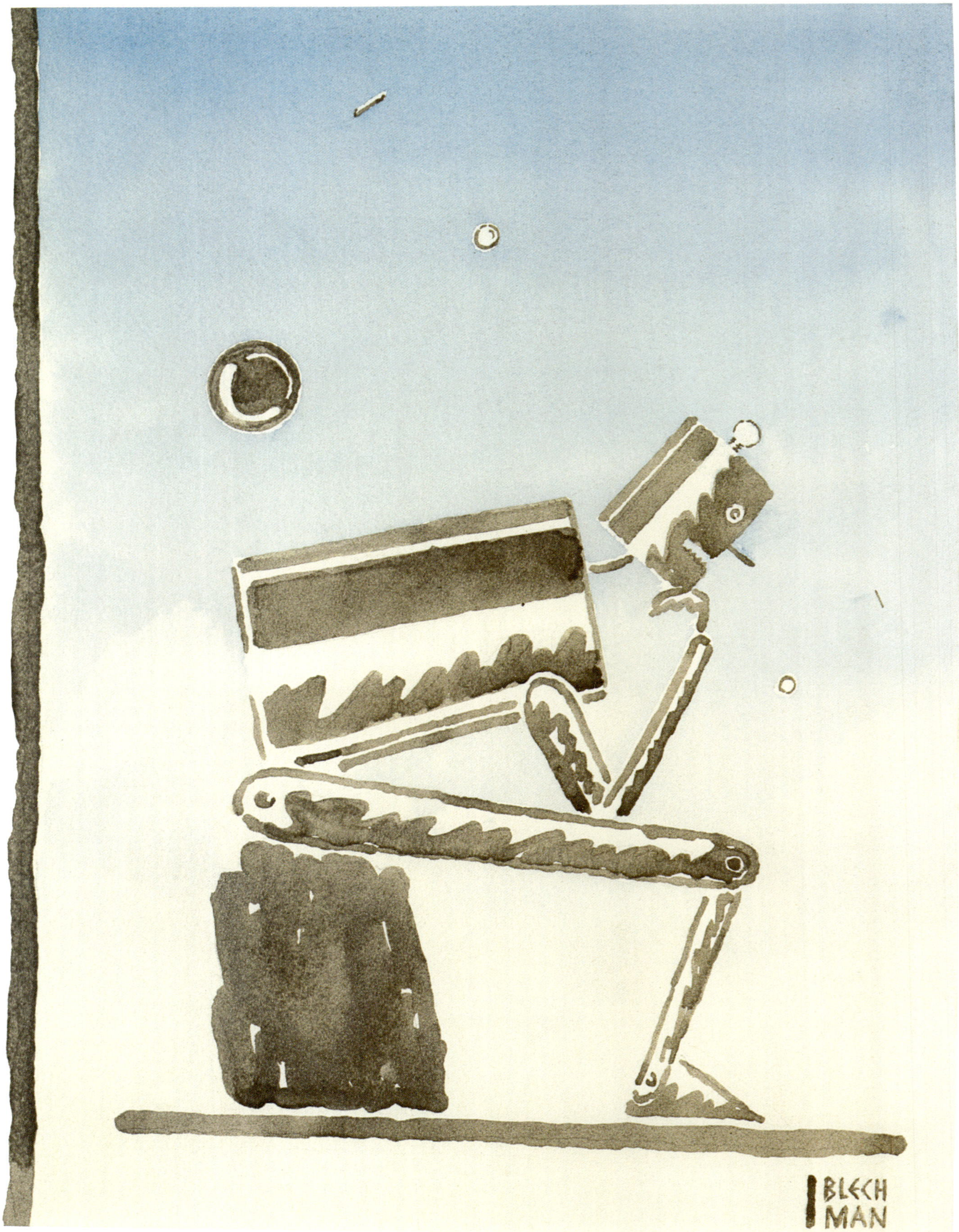

152

R. O. BLECHMAN
7. OKTOBER 1991 (KAT. 37)

BARRY BLITT
27. SEPTEMBER 1999 (KAT. 40)

BENOÎT VAN INNIS
21. MAI 1990 (KAT. 31)

JEAN-JACQUES SEMPÉ
14. OKTOBER 1991 (KAT. 116)

KATHY OSBORN
28. NOVEMBER 1994 (KAT. 89)

CHARLES BURNS
1. NOVEMBER 1993 (KAT. 42)

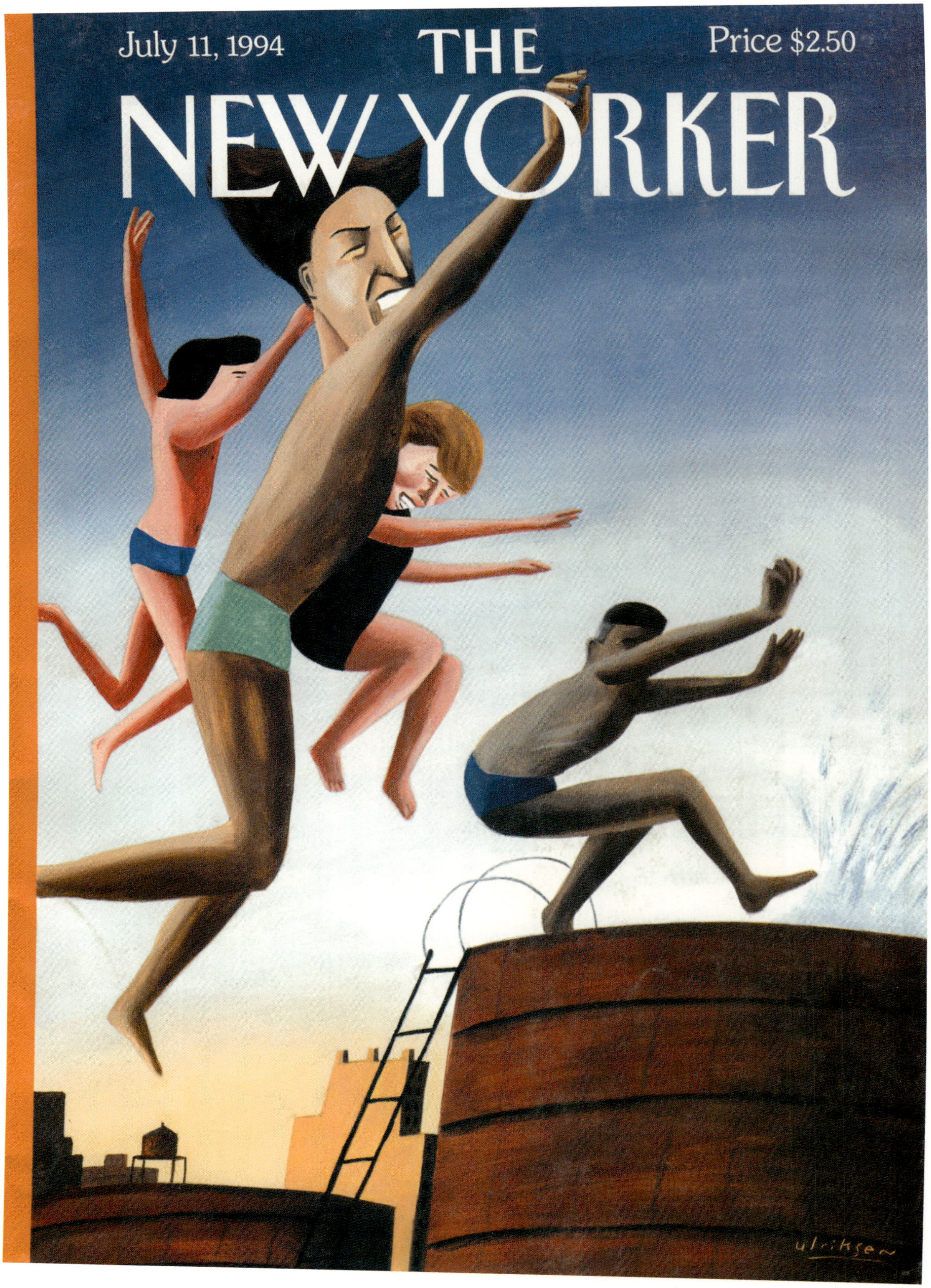

MARK ULRIKSEN
11. JULI 1994 (KAT. 146)

LORENZO MATTOTTI
8. NOVEMBER 1993 (KAT. 86)

MARK ULRIKSEN
16. JANUAR 1995 (KAT. 147)

IAN FALCONER
15. FEBRUAR 1999 (KAT. 48)

SAUL STEINBERG
28. APRIL 1994 (KAT. 144)

JEAN-JACQUES SEMPÉ
24. NOVEMBER 1997 (KAT. 117)

MAIRA KALMAN
4. DEZEMBER 1995 (KAT. 70)

MAIRA KALMAN
8. APRIL 1996 (KAT. 71)

166

MARK ULRIKSEN
10. JUNI 1996 (KAT. 148)

ART SPIEGELMAN
24./31. AUGUST 1998 (KAT. 125)

BRUCE McCALL
5. APRIL 1999 (KAT. 87)

ANA JUAN
2. AUGUST 1999 (KAT. 69)

SAUL STEINBERG
6. JANUAR 1975 (KAT. 140)

Anhang

Eine selektive Chronologie
des *New Yorker*

Künstlerbiografien
und Katalogverzeichnis

Die Autoren

Abbildungsnachweis

Eine selektive Chronologie des New Yorker
Christopher Shay

1925

21. Februar Die erste Ausgabe des von Harold Ross gegründeten Magazins *The New Yorker* erscheint mit einem Cover von Rea Irvin: ein Regency Dandy, der durch sein Monokel einen Schmetterling betrachtet. Der später Eustace Tilley genannte Dandy wird zur Symbolfigur des Magazins und bis 1994 auf jeder Geburtstagsausgabe abgebildet. Rea Irvin wird zugleich Art Editor.

28. Februar Dorothy Parkers erster Beitrag im Magazin: *Cassandra drops into Verse.*

10. Oktober Janet Flanners erster *Paris Letter.*

1926

18. April E. B. Whites erste Short Story *A Step forward.*

1927

26. Februar James Thurbers erster namentlich gezeichneter Beitrag, das Gedicht *Villanelle of Horatic Street.*

23. Juli Robert Benchleys erster Beitrag über Journalisten; er leitet die Kolumne »The Wayward Press« bis 1939.

1929

25. Mai S. N. Behrmans erste Veröffentlichung: ein Porträt von George Gershwin; Emily Hahns erster Beitrag: die Short Story *Lovely Lady*. Hahn wird bis 1996 Dokumentationen und Erzählungen beisteuern.

1930

11. Januar *Invocation*, das erste Gedicht von Ogden Nash im *New Yorker.*

13. Dezember S. J. Perelmans *Open Letter to Moira Ransom* wird veröffentlicht – die erste von über 300 Glossen. Seine letzte erscheint 1979.

1931

21. November Lewis Mumford startet seine Architektur-Kolumne »The Sky Line«, die er bis 1963 fortführt.

1932

24. Dezember Frank Sullivan beginnt die Tradition der Weihnachtsgedichte mit seinem ersten *Greetings, Friends.*

1935

25. Mai John Cheevers erste Short Story *Brooklyn Roaming House.* Er wird bis 1981 Short Stories im Magazin veröffentlichen. Auszüge aus seinen Tagebüchern erscheinen 1990.

1936

Frühjahr Unter dem Titel *Führer* erscheint Janet Flanners' dreiteiliges Porträt von Adolf Hitler.

1938

5. Mai *Alumnae Bulletin*, die erste von John H. O'Haras 239 Short Stories.

1939

James Geraghty löst Rea Irvin als Art Editor ab und übt diese Funktion bis 1973 aus.

15. April W. H. Audens erster Auftritt, das Gedicht *Song.*

1942

11. April V. Nabokov wird zum ersten Mal im Magazin mit dem Gedicht *Literary Dinner* veröffentlicht.

EDWARD SOREL
13. OKTOBER 1997 (KAT. 122)

1943

September Erstmals erscheint für die im Ausland stationierten Angehörigen der Streitkräfte eine kostenlose und verkleinerte Overseas-Edition. Sie kommt zunächst monatlich in einer Auflage von 20 000 Exemplaren heraus, ab März 1944 wöchentlich und Ende 1944 in einer Auflage von 150 000 Exemplaren. Diese »Pony«-Ausgabe gewann viele neue Leser, die nach dem Krieg häufig zu Abonnenten wurden, und trug zur Verbreitung des Magazins über New York hinaus bei.

1944

1. Januar Edmund Wilsons erste »Books«-Kolumne mit Verfasserzeile.

1945

19. Mai Abbott Joseph Liebling übernimmt die »The Wayward Press«-Kolumne.

1946

31. August Die 31 347 Wörter zählende Hiroshima-Reportage in der Rubrik »Reporter at large« von John Hersey füllt die gesamte Nummer.

1949

17. September Roald Dahls erste Short Story, *The Sound Machine*, erscheint.

1951

6. Dezember Der Gründer und Herausgeber Harold Ross stirbt.

1952

21. Januar William Shawn übernimmt die Herausgabe und Chefredaktion des *New Yorker*.

17. Mai V. S. Pritchetts erste Buchbesprechung.

1953

5. Dezember Das Magazin widmet *The Ponder Heart* von Eudora Welty 91 Seiten.

1954

30. Oktober John Updikes erste Short Story, *Friends from Philadelphia.*

1957

13. April Der *New-Yorker*-Kritiker Whitney Balliett schreibt zum ersten Mal über Jazz.

4. Mai *Zooey* von J. D. Salinger wird veröffentlicht. Mit ihren 41 000 Wörtern ist die Erzählung der bisher längste Einzeltext im *New Yorker.*

31. August Ted Hughes' erstes Gedicht, *The Thought Fox.*

1962

16.–30. Juni Rachel Carsons Reportage *Silent Spring* erscheint in drei Folgen.

1963

16. Februar Hannah Arendts *Eichmann in Jerusalem* in der Rubrik »Reporter at large«.

13. Juli Calvin Trillis erster namentlich gezeichneter Beitrag, *An Education in Georgia*, in der Rubrik »Reporter at large«.

1964

19./26. September Joseph Mitchells letzter Beitrag für das Magazin, ein zweiteiliges Porträt über Joe Gould.

1965

23. Januar John McPhees erste Dokumentation für das Magazin, ein Porträt des damaligen Basketballspielers der Universität Princeton, William Warren Bradley.

25. September–16. Oktober Truman Capotes *Kaltblütig* erscheint in vier aufeinander folgenden Nummern.

1966

22. Januar Woody Allens erste Glosse, *The Gossage-Vardebedian Papers.*

1968

13. Januar Pauline Kaels erste Filmkritik und die erste Theaterkritik des langjährigen Reporters Brandan Gill erscheinen.

1969

22. März Zum ersten Mal gibt es ein komplettes Inhaltsverzeichnis einschließlich Überschriften, Autoren und Cartoonisten.

1973

2. Juli Beginnend mit dieser Ausgabe erscheint der *New Yorker* nicht mehr samstags, sondern montags. Die letzte Samstagsausgabe datiert vom 23. Juni 1973.
Lee Lorenz, seit 1958 Mitarbeiter beim *New Yorker*, wird Art Editor.

1975

8. September *Speedboat*, eine Short Story von Renata Ader.

1976

29. März Berühmtes Saul-Steinberg-Cover, das New York City aus der Sicht eines New Yorkers zeigt.

1978

24. Juli Stanislaw Lems erste im *New Yorker* veröffentlichte Short Story *The Experiment.*

1980

15. September Diese Ausgabe markiert das Ende des Tiefdruckverfahrens beim *New Yorker* und die Umstellung auf Fotosatz. Die Größe des Magazins wird auf 8 1/4 x 11 inches verändert.

1985

April Die Aktionäre des *New Yorker* votieren für einen Verkauf an Advance Publications.

1987

2. März Die erste Ausgabe unter Robert Gottliebs Leitung, nachdem der langjährige Chefredakteur William Shawn in den Ruhestand getreten ist.

1988

18. April Neue Typografie und neues Layout für das Inhaltsverzeichnis.

1989

30. Januar John Irvings erste Short Story, *The Foul Ball.*

20. Februar Zum ersten Mal große Illustrationen und Zusatztext in der Rubrik »Goings on about Town«.

1992

23. März David Remnicks erster namentlich gezeichneter Beitrag, ein Brief aus Moskau. Die Sammlung seiner Russlandreportagen, *Lenin's Tomb. The Last Days of the Soviet Union* gewinnt den Pulitzer Preis.

29. Juni *Career Move*, die erste Short Story von Martin Amis.

5. Oktober Das erste Heft unter der neuen Chefredakteurin Tina Brown erscheint mit einem programmatischen Cover von Edward Sorel. Es zeigt einen Punk, der sich in einer Kutsche durch den herbstlichen Central Park fahren läßt. Tina Brown führt folgende Veränderungen ein: eine eigenständige »Notes & Comment«-Seite am Anfang des Magazins; eine Neuauflage von »Shouts & Murmurs« als Unterhaltungsrubrik; Besprechungen und Rezensionen in einer Rubrik; die literarische Erzählung steht nicht mehr am Anfang.

12. Oktober Richard Avedons erstes Auftragsfoto für das Magazin zeigt Malcolm X.

26. Oktober Richard Prestons *Crisis in the Hot Zone* über das tödliche Ebola-Virus erscheint.

1993

Anfang des Jahres wird Françoise Mouly Art Editorin, Lee Lorenz Cartoon Editor.

1994

21. Februar Das Cover des Geburtstagsheftes zeigt zum ersten Mal nicht Rea Irvins berühmten Eustace Tilley (Abb. S. 25) sondern Robert Crumbs Elvis Tilley (Abb. S. 106).

21. März Die erste »Oben und unten ohne«-Ansicht eines Mannes erscheint in einem Cartoon von Peter Steiner. Ein Mann mittleren Alters steht im Schlafzimmer nackt vor seiner Frau und sagt vorwurfsvoll: »In *Das Piano* hat's dir aber gefallen.«

27. Juni/4. Juli Die erste Doppelausgabe des *New Yorker*, ein Literaturspecial.

24. Oktober *Zombie*, Joyce Carol Oates' erste Short Story für den *New Yorker*.

1995

8. Mai Irvin Penns erste Fotobeiträge.

31. Juli Helmut Newtons erste Fotobeiträge.

1996

22. April Steve Martins erste Glosse *Yes in My Own Back Yard*.

16. Dezember Joe Klein beginnt mit der Kolumne »Letter from Washington«.

1997

26. Mai Die »Talk of the Town«-Rubrik trägt ab jetzt eine Verfasserzeile.

September Robert Mankoff löst Lee Lorenz als Cartoon Editor ab.

22. September Zum ersten Mal biografische Angaben zu den Mitarbeitern des Magazins.

1998

3. August David Remnick wird Nachfolger von Tina Brown. Er ersetzt »Shouts & Murmurs« durch »The Back Page« und integriert »Notes & Comments« in die »Talk of the Town«-Rubrik.

2000

21./28. Februar Die Jubiläumsausgabe zum 75. Geburtstag des *New Yorker* bringt eine Umgestaltung durch Massimo Vignelli und auf dem Cover ein Foto von William Wegmans Weimaraner, der als Eustace Tilley posiert.

MASSIMO VIGNELLI
21./28. FEBRUAR 2000

Künstlerbiografien und Katalogverzeichnis

Die Maße nennen Höhe vor Breite. Soweit nicht anders angegeben, handelt es sich um Arbeiten auf Papier.

Alle Arbeiten vor dem 25. Januar 1993 erschienen im *New Yorker* prinzipiell ohne Titel; dies änderte sich mit der Ausgabe vom 1. Februar 1993. Soweit wir auf die Titel zurückgreifen konnten, sind sie angegeben.

Nicht immer ist das Entstehungsjahr der Titelbilder identisch mit ihrem Erscheinungsjahr. Die Entstehungsdaten, sofern uns bekannt, sind immer dann angegeben, wenn sie vom Veröffentlichungsdatum abweichen.

Schließlich haben wir einige jüngere Titelzeichnungen, die wir in der Ausstellung zeigen, im Katalog mit dem Logo des *New Yorkers*, also als Heft, abgebildet – verblüffende Beweise für die Zeitlosigkeit der Schrift, die kongenial ebenso zum Dandy Eustace Tilley von 1925 passt wie zu den Arbeiten der Künstler von heute.

Die Kleinabbildungen im Katalogverzeichnis zeigen immer das Cover mit dem *New-Yorker*-Logo.

Charles (Chas) Addams
(1912–1988)

Addams studierte (lustlos) Architektur an der University of Pennsylvania und (ebenfalls lustlos) Kunst an der Grand Central School of Art in New York – beides jeweils nur ein Jahr lang. 1932–34 war er Tatortzeichner für die Kriminalzeitschrift *True Crime Story*. 1932 erschien sein erster Cartoon im *New Yorker*, 1938 sein erstes von insgesamt 61 Titelbildern. Der Meister des Schwarzen Humors wurde als Vater der *Addams-Family* berühmt, die 1964-66 als Fernsehshow und 1991 und 1993 als Kinofilm zu sehen waren. Boris Karloff, dem legendären Darsteller von Frankenstein, setzte er in der Rolle des Butlers in der Addams-Familie ein Denkmal.

1 The New Yorker
30. Dezember 1939
Tusche und Aquarell
44,0 x 36,0 cm
Collection Spiesshofer
Abb. S. 95

2 The New Yorker
18. Februar 1950
Gouache und Tusche
43,2 x 33,0 cm
Charles Addams Collection, Manuscripts and Archives Division, The New York Public Library, Astor, Lenox and Tilden Foundations
Abb. S. 99

3 The New Yorker
2. Februar 1957
Tusche, laviert, Deckweiß
53,5 x 40,6 cm
Wilhelm-Busch-Museum Hannover · Deutsches Museum für Karikatur und kritische Grafik
Abb. S. 52

4 The New Yorker
14. Juni 1958
Aquarell, Gouache, Tusche und Bleistift
48,3 x 35,6 cm
Charles Addams Collection, Manuscripts and Archives Division, The New York Public Library, Astor, Lenox and Tilden Foundations
Abb. S. 51

5 The New Yorker
4. Juli 1970
Tusche und Aquarell
39,0 x 28,0 cm
Collection Spiesshofer
Abb. S. 112

6 The New Yorker
14. November 1970
Tusche, Aquarell und Gouache
48,2 x 38,0 cm
Rudolf-Ensmann-Sammlung im Wilhelm-Busch-Museum Hannover · Deutsches Museum für Karikatur und kritische Grafik
Abb. S. 113

7 The New Yorker
19. Dezember 1977
Aquarell, Tusche und Gouache

40,0 x 29,2 cm
Charles Addams Collection,
Manuscripts and Archives Division,
The New York Public Library, Astor,
Lenox and Tilden Foundations
Abb. S. 122

8 The New Yorker
23. Mai 1983
Aquarell, Gouache und Bleistift
38,1 x 27,9 cm
Charles Addams Collection,
Manuscripts and Archives Division,
The New York Public Library, Astor,
Lenox and Tilden Foundations

8

9 The New Yorker
9. März 1987
Aquarell
36,8 x 26,0 cm
Charles Addams Collection,
Manuscripts and Archives Division,
The New York Public Library, Astor,
Lenox and Tilden Foundations
Abb. S. 140

Constantin Alajalov
(1900–1987)

Der in Russland geborene Alajalov studierte an der Universität von Petrograd, nach der Russischen Revolution emigrierte er in die USA. Dort hat er sich mit stetigem Erfolg als Maler (1967 malte er die Hände von Leonard Bernstein) und Zeichner für zahlreiche Magazine und Zeitschriften (wie die *Saturday Evening Post*) profiliert. Für den *New Yorker* hat er in der Zeit von 1926 bis 1960 169 Titelbilder gezeichnet und gehört damit zu den am häufigsten auf dem Umschlag veröffentlichten Künstlern.

10 The New Yorker
16. Juni 1934
Aquarell
44,0 x 30,0 cm
Collection Spiesshofer
Abb. S. 19

11 The New Yorker
24. Juli 1954
Gouache und Aquarell
40,3 x 29,0 cm
Prints & Photographs Division,
Library of Congress
Abb. S. 46

Peter Arno
(1904–1968)

Geboren als Curtis Arnoux Peters in Rye, New York, als Sohn eines wohlhabenden Richters, verließ Arno frühzeitig das College, um eine Jazzband zu gründen. Der vielseitig talentierte Arno – unter anderem produzierte er musikalische Revuen und arbeitete als Journalist – war als bildender Künstler Autodidakt. Für den *New Yorker* zeichnete er seit 1925 regelmäßig und wurde zu einem der bedeutendsten Mitarbeiter, wenngleich er nie die Bildlegende lieferte und von der Redaktion häufig mit Bildideen versorgt wurde. Bis 1968 lieferte er 100 Cover.

12 The New Yorker
17. September 1932
Tusche, Aquarell, grau laviert, Bleistift und Deckweiß
49,2 x 35,9 cm
Prints & Photographs Division,
Library of Congress
Abb. S. 92

13 The New Yorker
11. Mai 1940
Tusche, Aquarell und Gouache;
Deckweißkorrekturen
50,8 x 38,0 cm
Wilhelm-Busch-Museum Hannover ·
Deutsches Museum für Karikatur und kritische Grafik
Abb. S. 31

14 The New Yorker
26. Dezember 1942
Tusche und Aquarell, mit Deckweiß gehöht und gespritzt
50,9 x 37,8 cm
Wilhelm-Busch-Museum Hannover ·
Deutsches Museum für Karikatur und kritische Grafik
Abb. S. 30

15 The New Yorker
17. März 1951
Tusche und Aquarell
46,0 x 31,0 cm
DePfa Gruppe Wiesbaden
Abb. S. 40

16 The New Yorker
24. Januar 1959
Gouache über Bleistift
50,7 x 38,0 cm
Prints & Photographs Division,
Library of Congress
Abb. S. 54

17 The New Yorker
24. Dezember 1960
Tusche und Aquarell
42,0 x 32,0 cm
Collection Spiesshofer

17

18 The New Yorker
1. April 1961
Tusche und Aquarell
43,0 x 31,0 cm
Collection Spiesshofer
Abb. S. 68

19 The New Yorker
27. April 1963
Tusche über Bleistift, grau laviert, und Aquarell
55,6 x 38,1 cm
Prints & Photographs Division,
Library of Congress
Abb. S. 69

Perry Barlow
(1892–1977)

In der Nähe von Dallas, in McKinney, Texas, geboren, wuchs Barlow auf der Farm seiner Eltern auf. Er studierte zusammen mit Helen Hokinson und Garrett Price am Art Institute of Chicago. 1920 zog er gemeinsam mit seiner Frau Dorothy Hope Smith, einer berühmten Kinderporträtistin, nach New York, wo Barlow eine Karriere als freischaffender Cartoonist und Illustrator begann. Da Barlow farbenblind war, kolorierte seine Frau seine Zeichnungen. Für den *New Yorker* zeichnete er 1933 das erste von insgesamt 134 Titelblättern.

20 The New Yorker
3. Dezember 1938
Aquarell, Kohle und Bleistift
43,2 x 29,4 cm
Prints & Photographs Division,
Library of Congress
Abb. S. 20

21 The New Yorker
12. August 1939
Aquarell, Kohle und Tusche über Bleistift
41,6 x 32,2 cm
Prints & Photographs Division,
Library of Congress
Abb. S. 21

22 The New Yorker
28. Dezember 1940
Aquarell, Kohle, Tusche und Bleistift
42,6 x 29,4 cm
Prints & Photographs Division,
Library of Congress
Abb. S. 28

23 The New Yorker
18. Januar 1941
Aquarell, Collage und Kreide über Bleistift
45,0 x 30,7 cm
Prints & Photographs Division,
Library of Congress
Abb. S. 29

24 The New Yorker
18. Dezember 1943
Aquarell und Tusche über Bleistift
43,7 x 30,5 cm
Prints & Photographs Division,
Library of Congress
Abb. S. 33

25 The New Yorker
14. August 1948
Aquarell, Kohle und Tusche über Bleistift
42,7 x 30,0 cm
Prints & Photographs Division,
Library of Congress
Abb. S. 39

26 The New Yorker
26. Januar 1952
Aquarell, collagiert, über Bleistift
40,7 x 30,3 cm
Prints & Photographs Division, Library of Congress
Abb. S. 41

27 The New Yorker
7. Juni 1952
Tusche, Kreide und Aquarell
39,2 x 27,6 cm
Wilhelm-Busch-Museum Hannover · Deutsches Museum für Karikatur und kritische Grafik
Abb. S. 42

28 The New Yorker
11. Oktober 1952
Tusche, Aquarell und Gouache über Bleistift
36,5 x 28,1 cm
Prints & Photographs Division, Library of Congress
Abb. S. 43

29 The New Yorker
4. September 1954
Aquarell, collagiert
38,1 x 27,9 cm
Prints & Photographs Division, Library of Congress
Abb. S. 47

Ludwig Bemelmans
(1898–1962)

Geboren und aufgewachsen in Regensburg und Gmunden am Traunsee, schiffte sich der Hotelfachlehrling 1914 nach New York ein und arbeitete dort in den folgenden Jahren in verschiedenen noblen Hotels und Restaurants. Nebenbei zeichnete er Comic strips und begründete mit dem Kinderbuch *Hansi* und später mit den *Madeline*-Abenteuern seine Karriere als Zeichner. Er veröffentlichte zahlreiche Bücher und arbeitete für Zeitschriften wie *Holiday* oder *Town & Country*. Für den *New Yorker* hat er zwischen 1942 und 1962 über 30 Cover gezeichnet.

30 The New Yorker
8. April 1944
Gouache und Tusche
67,0 x 55,0 cm
Collection Spiesshofer
Abb. S. 32

Benoît van Innis
(*1960)

Geboren in Brügge, absolvierte van Innis dort auch sein Kunststudium. Danach zeichnete er für flämische, belgische und französische Zeitschriften. Benoît arbeitet seit 1989 für den *New Yorker*.

31 The New Yorker
21. Mai 1990
Pique-Nique
Öl auf Papier
38,5 x 29,0 cm
Leihgabe des Künstlers
Abb. S. 154

Abe Birnbaum
(1899–1966)

Der in New York City geborene und schon als Kind auf das Zeichnen und Malen versessene Birnbaum studierte an der Art Student's League. 1920 dehnte Birnbaum seine Flitterwochen in Paris auf einen einjährigen Aufenthalt aus. Zurück in Amerika arbeitete er für *The New York Herald Tribune*, *Vogue*, *Harper's Bazaar* oder *Stage Magazine*. Harold Ross lud ihn kurz nach der Gründung des *New Yorker* zur Mitarbeit ein, die lebenslang dauern sollte. Von 1944 an erschienen Birnbaums Zeichnungen auch auf dem Cover des *New Yorker* – es sollten insgesamt 140 werden.

32 The New Yorker
10. Februar 1962
Tusche und Aquarell
36,0 x 30,0 cm
Collection Spiesshofer
Abb. S. 80

33 The New Yorker
7. Juni 1969
Tusche, Aquarell und Gouache
50 x 46 cm
Collection Spiesshofer
Abb. S. 85

R. O. Blechman
(*1930)

In seiner Geburtsstadt New York besuchte Blechman die High School of Music and Arts und im Anschluss das College von Oberlin, Ohio, wo er 1952 abschloss. 1954 begann er seine Karriere als freischaffender Cartoonist; heute ist er vor allem für seine animierten Bildergeschichten berühmt. Profiliert hat sich Blechman außerdem im Bereich der Werbung mit Fernsehspots wie »Talking stomach« für Alka-Seltzer oder »Attack of the car« für Volvo. Seine Zeichnungen erscheinen unter anderem in der *New York Times* sowie der *New York Herald Tribune*. Für den *New Yorker* zeichnete Blechman 1974 das erste von bisher 12 Titelblättern.

34 The New Yorker
29. April 1974
Tusche und Aquarell, collagiert
37,5 x 28,0 cm
Privatbesitz USA

34

35 The New Yorker
1. Oktober 1979
Feder, Aquarell und Papiercollage
36,0 x 28,0 cm
Dr. med. Robert Weideneder, München
Abb. S. 105

36 The New Yorker
2. November 1981
Feder und Aquarell
39,0 x 28,0 cm
Galerie Bartsch & Chariau, München
Abb. S. 134

37 The New Yorker
7. Oktober 1991
Aquarell
31,0 x 24,0 cm
Galerie Bartsch & Chariau, München
Abb. S. 152

38 The New Yorker
26. Februar/4. März 1996
(Variante) *Eustacia Tilley*
Tusche und Aquarell
34,0 x 27,0 cm
Collection Spiesshofer
Abb. S. 151

Barry Blitt
(*1958)

Barry Blitt veröffentlicht politische Cartoons unter anderem in *Entertainment Weekly* und der *Washington Post*. Ferner hat er sich als Illustrator von Kinderbüchern einen Namen gemacht. Seit 1992 hat er für den *New Yorker* 14 Cover und mehr als 70 Illustrationen gezeichnet.

39 The New Yorker
10. Januar 1994
Resolute Smokers
Aquarell
26,5 x 20,6 cm
Leihgabe des Künstlers
Abb. S. 63

40 The New Yorker
27. September 1999
Buzz City
Aquarell
25,0 x 18,0 cm
Leihgabe des Künstlers
Abb. S. 153

George Booth
(*1926)

Geboren in Cainsville, Missouri, kam Booth nach der High School 1944 zu den Marines, wo er für *Leatherneck*, dem Magazin der Marines, Cartoons, kleine Spots und Cover zeichnete. Bereits während seiner Militärzeit besuchte er einige der besten Kunstschulen, bevor er sich 1952 in New York an der School of Visual Arts einschrieb. Veröffentlichungen in *Collier's* und *The Saturday Evening Post* brachten seinen Durchbruch als Zeichner. 1969 publizierte der *New Yorker* seine ersten Cartoons, 1973 sein erstes von insgesamt 16 Titelblättern.

41 The New Yorker
23. Januar 1984
Kugelschreiber und Aquarell, collagiert
36,0 x 28,0 cm

Leihgabe des Künstlers
Abb. S. 129

Charles Burns
(*1955)

Der aus Philadelphia stammende Burns schloss 1977 am Evergreen State College und 1979 an der University of California, Davis, ab. 1993 erhielt er das Pew Fellowship für Kunst. Burns ist einer der führenden Vertreter der gegenwärtigen Comix-Bewegung, die eng mit dem Werk von Richard Crumb und Art Spiegelman verknüpft ist. Er zeichnet für Magazine wie *Rolling Stone*, *The New York Times Magazine* und seit 1992 für den *New Yorker*. Daneben arbeitet Burns für das Theater und das Fernsehen.

42 The New Yorker
1. November 1993
Strange Brew
Mischtechnik
40,0 x 32,0 cm
Leihgabe des Künstlers
Abb. S. 157

William H. Cotton
(1880–1958)

Nach seinem Studium an der Académie Julien in Paris profilierte sich Cotton in den dreißiger Jahren in *Vanity Fair* mit Porträts bedeutender Personen aus Politik und Kultur. Seine dafür charakteristische Pastelltechnik setzte er auch für seine 55 Titelblätter des *New Yorker* ein, die zwischen 1932 und 1951 erschienen. Er entwarf darüber hinaus Wandbilder für verschiedene New Yorker Theater und verfasste das am Broadway aufgeführte Stück *The Bride the Sun Shines On*.

43 The New Yorker
8. Juli 1933
Pastell und Aquarell
30,0 x 30,0 cm
Collection Spiesshofer
Abb. S. 6

44 The New Yorker
18. Dezember 1937
Pastellkreide und Bleistift
49,0 x 38,0 cm
Wilhelm-Busch-Museum Hannover · Deutsches Museum für Karikatur und kritische Grafik

44

Julian De Miskey
(1898–1976)

1914 emigrierte der in Csabdi, Ungarn, geborene De Miskey in die USA, nach Youngstown, Ohio. Er studierte von 1917 bis 1920 in New York City an der Art Student's League. Bereits während dieses Studiums begann seine Karriere bei der *Saturday Evening Post*. Für den *New Yorker* hat er zwischen 1925 und 1959 insgesamt 62 Titelbilder sowie zahlreiche Textillustrationen gezeichnet, von denen seine letzte 1962 erschien.

45 The New Yorker
28. September 1929
Eustace Tilley Reminisces
Bleistift und Aquarell
47,0 x 31,8 cm
Privatsammlung USA
Abb. S. 91

Edna Eicke
(1919–1989)

Geboren in Mount Claire, New Jersey, studierte Edna Eicke an der Parson's School of Design in New York City. Sie arbeitete für *House and Gardens*, *Vogue* und *Woman's Day* sowie zwischen 1945 und 1961 für den *New Yorker*, der insgesamt 49 Titelblätter von ihr veröffentlichte.

46 The New Yorker
31. Juli 1954
New York City Backyard
Entstanden 1950

Kasein
40,5 x 28,0 cm
The Rev. Suzanne Funk Colburn,
Cambridge, Massachusetts
Abb. S. 45

47 The New Yorker
27. Juli 1957
Quogne Beach, Long Island, N.Y.
Entstanden 1956
Kasein
45,8 x 30,8 cm
The Rev. Suzanne Funk Colburn,
Cambridge, Massachusetts
Abb. S. 48

Ian Falconer
(*1960)

Falconer hat an der New York University und der Parson's School of Design studiert. Gemeinsam mit David Hockney entwarf er die Kostüme für eine *Tristan-und-Isolde*-Inszenierung der Oper von Los Angeles. Darüber hinaus hat er für das New York City Ballet und die San Francisco Opera Bühnenbilder geschaffen und Kostüme entworfen. Seit 1996 zeichnet er für den *New Yorker* - bisher sind 13 Cover von ihm erschienen. Sein erstes Kinderbuch, *Olivia*, erscheint im Herbst 2000.

48 The New Yorker
15. Februar 1999
Heart Attack
Entstanden 1998
Gouache und Kohle
60,0 x 48,0 cm
Leihgabe des Künstlers
Abb. S. 161

André François
(*1915)

Geboren in Timisoara, Rumänien. Er studierte in Budapest und ging 1934 nach Paris, wo er Schüler des Plakatkünstlers Cassandre wurde. Seit den vierziger Jahren publiziert François in englischen *(Punch)* und französischen Zeitschriften. Im *New Yorker* erschien 1963 sein erstes von über 50 Titelblättern. Neben zahlreichen Büchern hat François Plakate entworfen und Bühnenausstattungen geschaffen. Seit den sechziger Jahren gilt sein Hauptinteresse der Malerei und Bildhauerei.

49 The New Yorker
28. September 1963
Acryl auf kaschierter Leinwand
45,2 x 31,7 cm
Wilhelm-Busch-Museum Hannover ·
Deutsches Museum für Karikatur und kritische Grafik
Abb. S. 74

50 The New Yorker
10. Juli 1965
Gouache, Tusche,
Kohle und Kugelschreiber
36,0 x 27,0 cm
Rudolf-Ensmann-Sammlung im
Wilhelm-Busch-Museum Hannover ·
Deutsches Museum für Karikatur und kritische Grafik
Abb. S. 73

51 The New Yorker
6. April 1968
Gouache
43,0 x 28,0 cm
DePfa Gruppe Wiesbaden
Abb. S. 81

52 The New Yorker
16. Mai 1970
Moons
Bleistift und Aquarell
37,0 x 29,0 cm
Galerie Bartsch & Chariau, München

52

53 The New Yorker
23. Dezember 1972
Gouache
42,5 x 30,9 cm
Galerie Bartsch & Chariau, München
Abb. S. 111

54 The New Yorker
30. Dezember 1974
Sepia und Farbkreiden
38,5 x 30,5 cm
Wilhelm-Busch-Museum Hannover ·

54
Deutsches Museum für Karikatur und kritische Grafik

55 The New Yorker
25. Juli 1983
Tusche, Aquarell und Farbkreiden
32,0 x 24,0 cm
Collection Spiesshofer
Abb. S. 100

56 The New Yorker
1. April 1985
Tusche und Aquarell
32,3 x 25,0 cm
Wilhelm-Busch-Museum Hannover · Deutsches Museum für Karikatur und kritische Grafik
Abb. S. 125

Arthur Getz
(1913–1996)

Geboren in Passaic, New Jersey, studierte Getz Malerei und Grafik am Pratt Institute in Brooklyn, New York. Zwischen 1938 und 1988 hat er 213 Titelbilder für den *New Yorker* gezeichnet und Hunderte von Textillustrationen geschaffen. Daneben unterrichtete Getz Kunst und illustrierte Kinderbücher.

57 The New Yorker
4. November 1950
Gouache über Bleistift
60,5 x 45,6 cm
Prints & Photographs Division, Library of Congress
Abb. S. 38

58 The New Yorker
17. November 1956
Gouache
60,8 x 45,7 cm
Prints & Photographs Division, Library of Congress
Abb. S. 50

Helen Hokinson
(1893–1949)

Geboren in Mendota, Illinois, studierte Helen Hokinson Modeillustration am Art Institute of Chicago. Ihr früher Erfolg als Modekünstlerin führte sie bald nach New York. Sie arbeitete freiberuflich und zeichnete unter anderem den Comic strip *Sylvia in the Big City* für den in New York erscheinenden *Daily Mirror.* In New York besuchte sie abendliche Zeichen- und Skizzierkurse, die von Howard Giles geleitet wurden. Mit den dort entstandenen Skizzen wurde sie beim *New Yorker* vorstellig, und am 4. Juli 1925 erschien ihr erster Cartoon in der Kolummne »The Talk of the Town«. Ihr erstes von 69 Titelblättern veröffentlichte sie 1927. Helen Hokinson kam 1949 bei einem Flugzeugunglück ums Leben.

59 The New Yorker
26. Juli 1930
Tusche und Aquarell
31,0 x 22,0 cm
Collection Spiesshofer
Abb. S. 16

60 The New Yorker
13. Juni 1931
Tusche und Aquarell
30,0 x 23,0 cm
Collection Spiesshofer
Abb. S. 17

61 The New Yorker
4. Mai 1946
Tusche und Aquarell
31,0 x 24,0 cm
Collection Spiesshofer
Abb. S. 36

Rea Irvin
(1881–1972)

Irvin, geboren in San Francisco, startete seine Karriere als unbezahlter Cartoonist für den *San Francisco Examiner.* Seine Ausbildung bestand aus einem sechsmonatigen Studium am Mark Hopkins Art Institut of Art in San Francisco. Im Alter von 25 Jahren zog Irvin an die Ostküste, wo er bald regelmäßig für die Magazine *Life* und *Cosmoplitan* arbeitete. Irvin unterstützte Harold Ross ab 1924 in der Gründungsphase des *New Yorker*, zeichnete das erste Titelbild und schuf mit dem später Eustace Tilley genannten Dandy zugleich die Symbolfigur des Magazins. Zwischen 1925 und 1958 erschienen 169 Titelblätter von Irvin sowie Hunderte von Illustrationen. Als erster Art Editor des *New Yorker* hat Irvin wesentlich Layout und Design des Magazins mitbestimmt.

62 The New Yorker
4. September 1926
Aquarell und Tusche
43,2 x 33,0 cm
Museum of the City of New York,
Gift of Mr. and Mrs. Rea Irvin,
67.100.346
Abb. S. 5

63 The New Yorker
19. November 1927
Aquarell und Tusche
47,6 x 38,1 cm
Museum of the City of New York,
Gift of Mr. and Mrs. Rea Irvin,
67.100.272
Abb. S. 12

64 The New Yorker
11. Mai 1929
Aquarell und Tusche
44,2 x 35,6 cm
Museum of the City of New York,
Gift of Mr. and Mrs. Rea Irvin,
67.100.32
Abb. S. 15

65 The New Yorker
1. Juni 1929
Aquarell und Tusche
42,9 x 33,7 cm
Museum of the City of New York,
Gift of Mr. and Mrs. Rea Irvin,
67.100.299
Abb. S. 13

66 The New Yorker
8. Oktober 1932
Tusche und Aquarell
37,0 x 26,0 cm
Collection Spiesshofer

66

67 The New Yorker
14. Juli 1934
Aquarell, Tusche und Farbstift oder Kohle
50,8 x 38,1 cm
Museum of the City of New York,
Gift of Mr. and Mrs. Rea Irvin,
67.100.275
Abb. S. 22

68 The New Yorker
21. Juni 1941
Aquarell und Kohle
50,8 x 38,1 cm
Museum of the City of New York,
Gift of Mr. and Mrs. Rea Irvin,
67.100.221

68

Ana Juan
(*1961)

Geboren in Valencia, absolvierte Ana Juan dort ihre Ausbildung an der Hochschule für Schöne Künste. 1992 erschien das Buch *A Red Wind* der vor allem als Illustratorin arbeitenden Künstlerin. Ana Juan ist im Internet unter www.anajuan.net zu finden.

69 The New Yorker
2. August 1999
City in Mourning
Acryl
42,0 x 30,0 cm
Leihgabe der Künstlerin
Abb. S. 169

Maira Kalman
(*1949)

Geboren in Tel Aviv, lebt Kalman mit ihrer Familie heute in New York. Sie hat mehrere Kinderbücher wie *Max Makes A Million* geschrieben und illustriert. Sie zeichnet für verschiedene Zeitschriften; der *New Yorker* veröffentlichte 1995 ihr erstes Cover. Sie entwirft Stoffe für Isaac Mizrahi, Uhren für M&Co, Taschen und T-Shirts für das Whitney Museum und malt Wandbilder für die New Yorker Grand Central Station.

70 The New Yorker
4. Dezember 1995
Crosstown Traffic
Gouache
30,5 x 23,0 cm
M&Co, New York City
Abb. S. 164

71 The New Yorker
8. April 1996
Parade Best
Gouache
30,5 x 23,0 cm
M&Co, New York City
Abb. S. 165

Ilonka Karasz
(1896–1981)

Geboren in Budapest, Ungarn, studierte Ilonka Karasz dort an der Königlichen Schule für Kunst und Kunsthandwerk, bevor sie 1913 in die USA emigrierte. Sie hat Stoffe, Keramiken, Silber, Tapeten sowie Möbel entworfen und lehrte an der Modern Art School in New York City. Sie arbeitete als Illustratorin und zeichnete zwischen 1925 und 1973 183 Titelbilder für den *New Yorker.* Mit ihrem Ehemann lebte Ilonka Karasz mehrere Jahre auf Java.

72 The New Yorker
7. Mai 1927
Aquarell
40,0 x 28,0 cm
Collection Spiesshofer
Abb. S. 14

Edward Koren
(*1935)

Geboren in New York, studierte Koren an der Columbia University und dann in S.W. Hayter's Atelier 17 in Paris. Am Pratt Institute in New York schloss er sein Studium der Malerei und Graphik ab. Seine Zeichnungen erschienen in den späten sechziger Jahren zuerst im *New Yorker;* 1971 das erste von inzwischen über 20 Titelblättern. Seine Cartoons wurden auch in der *New York Times,* in *Harper's, Punch* und *Esquire* veröffentlicht. Er hat zahlreiche Kinderbücher illustriert.

73 The New Yorker
17. Januar 1977
The Harangue
Entstanden 1976

73

Tusche und Aquarell
47,6 x 36,4 cm
Leihgabe des Künstlers

74 The New Yorker
31. Dezember 1979
Celebration
Tusche, Aquarell und Farbstifte, collagiert
68,0 x 51,5 cm
Leihgabe des Künstlers
Abb. S. 121

75 The New Yorker
26. November 1984
Thanksgiving Gavotte
Tusche, Aquarell und Farbstifte
51,5 x 46,0 cm
Leihgabe des Künstlers
Abb. S. 132

76 The New Yorker
20. Juni 1988
Your song is my song
Tusche, Aquarell, Bleistift und Farbstifte
61,8 x 49,5 cm
Leihgabe des Künstlers
Abb. S. 133

Anatole Kovarsky
(Lebensdaten unbekannt)

1946 erschien der erste Cartoon von Anatole Kovarsky im *New Yorker,* 1957 seine erste Titelillustration. Bis 1969 veröffentlichte der *New Yorker* insgesamt 40 Titelblätter von Kovarsky. Daneben arbeitete der Künstler für die Zeitschrift *Sports Illustrated.* Eine Anthologie seiner Illustrationen. *Kovarsky's World*, erschien 1956.

77 The New Yorker
19. Oktober 1957
Tusche, grau laviert, Deckweiß.
Collagiert mit gedruckten, gemalten und gezeichneten Vorlagen
42,7 x 35,3 cm
Prints & Photographs Division, Library of Congress
Abb. S. 49

78 The New Yorker
20. Mai 1961
Tusche über Bleistift, grau laviert, Farbstifte und Aquarell
58,0 x 44,0 cm
Prints & Photographs Division, Library of Congress

78

Robert Kraus
(*1925)

Kraus, geboren 1925 in Milwaukee, Wisconsin, studierte an der Art Student's League in New York City. Mit zehn Jahren verkaufte er bereits seinen ersten Cartoon an die *Saturday Evening Post.* Zwischen 1957 und 1966 hat er über 20 Titelbilder für den *New Yorker* gezeichnet sowie zahlreiche Kinderbücher geschrieben und illustriert. 1965 gründete er Windmill Books, wo unter anderen William Steig, Charles Addams und Lee Lorenz ihre ersten Kinderbücher veröffentlichten.

79 The New Yorker
30. November 1957
Mischtechnik
39,4 x 28,4 cm
Privatsammlung USA
Abb. S. 53

Pierre Le-Tan
(*1950)

Geboren in Neuilly bei Paris, zeichnete Le-Tan das erste Cover für den *New Yorker* im Alter von 17 Jahren. Insgesamt 18 Titelblätter hat er bis heute veröffentlicht und arbeitet daneben für Magazine wie *Fortune, Sports Illustrate* und *Town and Country* sowie für verschiedene Publikationen in Frankreich und England. Er schreibt und zeichnet Kinderbücher wie *The Afternoon Cat.*

80 The New Yorker
4. Juni 1979
Tusche und Aquarell
31,0 x 24,0 cm
Galerie Bartsch & Chariau, München
Abb. S. 120

Lee Lorenz
(*1932)

Lorenz, geboren in Hackensack, New Jersey, graduierte 1954 am Pratt Institute in Brooklyn. 1958 erschienen seine ersten Cartoons im *New Yorker.* Im selben Jahr wurde Lorenz fester Mitarbeiter des Magazins, für das er aber nicht nur als Künstler, sondern 1973–93 als Art Editor und 1993–97 als Cartoon Editor tätig war. Seine zahlreichen Cartoons sind in mehreren Sammelbänden veröffentlicht. Lorenz hat zwölf Kinderbücher geschrieben und gezeichnet sowie Bücher anderer Autoren illustriert. 1995 publizierte Lorenz aus Anlass des 70-jährigen Jubiläums die Geschichte des *New Yorker,* 1998 Monographien über William Steig und George Booth.

81 The New Yorker
15. Februar 1988
Valentine's Day
Tusche und Aquarell
40,2 x 30,5 cm
Privatsammlung USA
Abb. S. 107

82 The New Yorker
15. April 1991
Tax Time Day, 1988
Tusche und Aquarell
ca. 38,0 x 28,0 cm
Privatsammlung USA

82

Jacques de Loustal
(*1956)

1981 schloss de Loustal sein Architekturstudium ab und widmet sich seitdem der Illustration, dem Comic und der Malerei. Er unternimmt häufig Reisen und veröffentlicht die dabei entstehenden Skizzenbücher. Für den *New Yorker* arbeitet de Loustal seit 1993.

83 The New Yorker
13. Juni 1994
June Grooms
Tusche und Aquarell
35,0 x 25,0 cm
Leihgabe des Künstlers
Abb. S. 61

Charles E. Martin (cem)
(1910–1995)

Geboren in Chelsea, Massachusetts, war Martin als Künstler Autodidakt. 1937 wurde er fester Mitarbeiter beim *New Yorker* und hat neben zahlreichen Cartoons zwischen 1938 und 1987 185 Cover gezeichnet. Daneben veröffentlichte er in Zeitungen und Zeitschriften wie *New York Times*, *Saturday Review*, *Time*, *Saturday Evening Post*, *Life* oder *Playboy*.

84 The New Yorker
15. November 1969
Tusche und Aquarell
50,0 x 37,0 cm
Collection Spiesshofer
Abb. S. 86

85 The New Yorker
9. Februar 1987
Tusche und Aquarell
42,9 x 32,6 cm
Wilhelm-Busch-Museum Hannover · Deutsches Museum für Karikatur und kritische Grafik
Abb. S. 135

Lorenzo Mattotti
(*1954)

Nach seinem Architekturstudium hat sich Mattotti ganz der Comic- und Cartoon-Kunst verschrieben. Zu seinen in viele Sprachen übersetzten Büchern gehören *Il signor Spartaco*, *Stigmate*, *Fires* und *Murmur*. Für Kinder hat er unter anderem *Pinocchio* von Carlo Collodi illustriert und eigene Werke wie *Eugenio* herausgebracht. Daneben hat Mattotti verschiedentlich für die Modewelt gearbeitet und für *Vanity* die großen Models auf seine Art dargestellt. Neben dem *New Yorker* hat er Titelblätter für *Le Monde* und die *Süddeutsche Zeitung* gestaltet.

86 The New Yorker
8. November 1993
Vivienne Westwood
Pastell und Bleistift
35,0 x 25,0 cm
Leihgabe des Künstlers
Abb. S. 159

Bruce McCall
(*1935)

Geboren und aufgewachsen in Kanada, emigrierte McCall im Alter von 27 Jahren in die USA. Nachdem er seine Ausbildung an der High School abgebrochen hatte, arbeitete er unter anderem als Werbegrafiker und Journalist, bevor er sich als Satiriker und Cartoonist selbstständig machte. Er arbeitet für *Vanity Fair* und zahlreiche andere Periodika. Seit 1993 hat er für den *New Yorker* 13 Titelblätter geliefert. Derzeit schreibt er an einer Satire über die fünfziger Jahre, ausgehend von den »Traumautos« aus Detroit. Weitere Publikationen sind *Zany Afternoon* und *Thin Ice*.

87 The New Yorker
5. April 1999
Easter Morning

Gouache
55,0 x 44 ,0 cm
Frank und Barbara Peters,
Corona del Mar, Kalifornien
Abb. S. 168

Eugène Mihaesco
(*1937)

In Bukarest geboren, studierte Mihaesco dort an der Kunstakademie und schloss 1959 ab. 1967 zog Mihaesco nach Lausanne, wurde Schweizer Staatsbürger und arbeitete für verschiedene europäische Zeitungen und Magazine wie *Gazette du Lausanne*, *Le Figaro* und *Le Monde*. Anfang der siebziger Jahre ließ er sich in New York nieder und arbeitete für *Atlantic*, *Time* und *Harper's*. 1972 erschien sein erstes Titelblatt für den *New Yorker*, bis in die neunziger Jahre sollten es rund 65 werden. Von 1981 bis 1982 unterrichtete er Illustration am Pratt Institute in New York City und arbeitete bei der *New York Times* von 1971 bis 1986 als Editorial Artist.

88 The New Yorker
6. Oktober 1975
Tusche und Aquarell
30,0 x 22,0 cm
Collection Spiesshofer

88

Kathy Osborn
(*1955)

Geboren in Rochester, New York, studierte Osborn an der Rhode Island School of Design, wo sie 1977 graduierte. Seit 1988 hat sie 18 Titelbilder für den *New Yorker* gezeichnet, daneben ist sie vor allem als Illustratorin unter anderem für Kinderbücher tätig.

89 The New Yorker
28. November 1994
Mischtechnik
55,9 x 45,7 cm
Michael und Virginia Ranger,
Morristown, New Jersey
Abb. S. 156

Mary Petty
(1899–1976)

Geboren in Hampton, New Jersey, wurde sie von ihrem späteren Ehemann, dem *New-Yorker*-Cartoonisten Alan Dunn, ermutigt, Cartoons zu zeichnen. In der Ausgabe des Magazins vom 22. Oktober 1927 erschien ihr erster Cartoon, 1940 ihr erstes Cover. Ihre Zusammenarbeit mit dem *New Yorker* dauerte bis 1966; sie veröffentlichte 43 Cover und über 250 Cartoons.

90 The New Yorker
16. August 1941
Tusche und Aquarell
43,0 x 28,3 cm
Courtesy of the Syracuse University
Art Collection, Syracuse, USA
Abb. S. 35

91 The New Yorker
8. Juli 1944
Tusche und Aquarell
42,7 x 28,6 cm
Courtesy of the Syracuse University
Art Collection, Syracuse, New York, USA
Abb. S. 34

92 The New Yorker
31. Juli 1948
Tusche und Aquarell
46,1 x 31,8 cm
Courtesy of the Syracuse University
Art Collection, Syracuse, New York, USA
Abb. S. 37

93 The New Yorker
4. Februar 1950
Tusche und Aquarell
44,4 x 28,6 cm
Courtesy of the Syracuse University
Art Collection, Syracuse, New York, USA
Abb. S. 97

94 The New Yorker
10. Juli 1954
Tusche und Aquarell
43,0 x 28,2 cm
Courtesy of the Syracuse University
Art Collection, Syracuse, New York, USA
Abb. S. 44

95 The New Yorker
19. März 1966
Tusche und Aquarell
42,5 x 28,7 cm
Courtesy of the Syracuse University
Art Collection, Syracuse, New York, USA
Abb. S. 75

Garrett Price
(1896–1979)

Aufgewachsen in Wyoming, schrieb sich Price 1914 am Art Institute of Chicago ein, wo er zusammen mit Helen Hokinson und Peter Barlow studierte. Später reiste er nach Paris, um dort seine Kunststudien fortzusetzen. Price zeichnete Titelblätter und Illustrationen für zahlreiche amerikanische Magazine. Für den *New Yorker* entstanden zwischen 1925 und 1974 knapp 100 Cover.

96 The New Yorker
24. März 1934
Aquarell
34,0 x 23,0 cm
Collection Spiesshofer
Abb. S. 18

Gardner Rea
(1892–1966)

Bereits mit 15 Jahren war der in Ironton, Ohio, geborene Rea als freischaffender Cartoonist tätig. Er studierte an der Ohio State University und wurde danach Theaterkritiker für das *Ohio State Journaland.* In den zwanziger Jahren arbeitete er für Magazine wie *Life* oder *Judge*, später auch für *Puck* und *Collier's.* Bereits in der ersten Ausgabe des *New Yorker* war Rea mit einem Cartoon vertreten. Seine insgesamt 15 Cover für den *New Yorker* erschienen in dem kurzen Zeitraum zwischen 1927 und 1933.

97 The New Yorker
14. Februar 1931
Tusche und Gouache
37,0 x 27,0 cm
Collection Spiesshofer
Abb. S. 11

Mischa Richter
(*1912)

Richter wurde in der Ukraine geboren. Seine Familie siedelte 1924 nach Amerika, nach Taunton, Massachusetts, über. Richter besuchte die English High School in Boston und erhielt Stipendien der Boston Museum of Fine Arts School und der Yale School of Fine Arts, wo er 1934 abschloss. Bereits während seines Studiums zeichnete er Cartoons und arbeitete später unter anderem für *The Saturday Evening Post.* Seit den vierziger Jahren arbeitete er für den *New Yorker,* zeichnete aber nur drei Titelblätter.

98 The New Yorker
30. Juli 1973
Tusche, laviert und wenig aquarelliert; Deckweißretusche
46,2 x 36,0 cm
Collection Spiesshofer

98

Charles D. Saxon
(1920–1988)

1920 in Brooklyn, New York, geboren, wo er ein Kunststudium an der Columbia University absolvierte. Vor und nach dem Zweiten Weltkrieg arbeitete er für die Dell Publishing Company. Daneben war er Cartoon Editor für *This Week* und zeichnete als freier Mitarbeiter in den frühen fünfziger Jahren unter anderen für *The Saturday Evening Post.* 1956 begann er als Staff Cartoonist beim *New Yorker.* Er hat Werbekampagnen von Firmen wie Xerox oder American Airlines illustriert und Werbefilme gedreht.

99 The New Yorker
30. Januar 1960
Tusche, Aquarell, Kreide und Bleistift
32,2 x 24,5 cm
Prints & Photographs Division, Library of Congress
Abb. S. 70

100 The New Yorker
16. September 1961
Kreide und Aquarell
40,0 x 29,0 cm
Collection Spiesshofer
Abb. S. 71

101 The New Yorker
3. August 1963
Pastell
36,0 x 26,0 cm
Collection Spiesshofer
Abb. S. 72

102 The New Yorker
31. Dezember 1966
Kreide
51,0 x 43,5 cm
Dr. Herbert Pfisterer, München
Abb. S. 77

103 The New Yorker
30. März 1968
Kreide und Aquarell
40,0 x 30,0 cm
Collection Spiesshofer
Abb. S. 78

104 The New Yorker
17. August 1968
Kreide und Aquarell, collagiert
35,6 x 27,9 cm
Prints & Photographs Division,
Library of Congress

104

105 The New Yorker,
16. Juli 1984
(Variante)
Pastell und Aquarell
34,0 x 26,0 cm
Collection Spiesshofer

105

Ronald Searle
(*1920)

Geboren 1920 in Cambridge, wo er für kurze Zeit die School of Arts besuchte. Nach Kriegseinsatz und japanischer Gefangenschaft in Siam kehrte Searle 1945 nach England zurück und begründete seinen Ruhm mit bissig-humorvollen Zeichnungen englischer Schulmädchen, den *Girls of St. Trinian's*. 1946 veröffentlichte er im *Punch* die erste von vielen Zeichnungen. Er begann unter anderem für *The New York Times*, *Holiday* oder *Life* zu arbeiten, für die er auch von ausgedehnten Reisen durch Europa, Nordafrika und Amerika berichtete. Seine unverwechselbaren Zeichnungen sind in inzwischen über 100 Büchern veröffentlicht. Für den *New Yorker* hat Searle ab 1969 regelmäßig Titelbilder geliefert; bis heute sind es 27. Seit 1995 zeichnet er politische Karikaturen für die französische Tageszeitung *Le Monde*. Seit 1960 lebt Ronald Searle in Frankreich, wo er zusammen mit seiner Frau Monica eine umfangreiche Sammlung historischer Karikaturen zusammen getragen hat.

106 The New Yorker
8. November 1969
Going Home
Tusche, laviert, Bleistift und wenig Farbkreide
45,0 x 30,3 cm
Wilhelm-Busch-Museum Hannover · Deutsches Museum für Karikatur und kritische Grafik
Abb. S. 79

107 The New Yorker
23. Januar 1971
Bad Day for Business
Tusche und Aquarell
39,7 x 28,8 cm
Dorothea Knapp-Baker,
Great Barrington, USA
Abb. S. 103

108 The New Yorker
25. Dezember 1971
Santa Claus in Manhattan
Tusche und Aquarell
40,5 x 30,0 cm
Sammlung Monica Searle
Abb. S. 114

109 The New Yorker
17. Februar 1973
They're all against me
Entstanden 1972
Tusche und Aquarell
41,0 x 29,0 cm
Sammlung Monica Searle
Abb. S. 115

110 The New Yorker
31. März 1973
The Last Client
Tusche und Aquarell
42,0 x 29,0 cm
Collection Spiesshofer
Abb. S. 116

111 The New Yorker
1. August 1988
Mostly Mozart
Tusche und Aquarell
32,0 x 43,0 cm
Collection Spiesshofer
Abb. S. 137

Jean-Jacques Sempé
(*1932)

Geboren in Bordeaux, wollte Sempé ursprünglich Jazzmusiker werden. Eine Kunstschule hat er nie besucht, aber bereits mit 19 Jahren den Nachwuchspreis »Prix Carrizey« für junge Karikaturisten erhalten. Unter dem Pseudonym »Drô« veröffentlichte er erste Zeichnungen in *Sud-Ouest Dimanche*, dann unter seinem Namen in *Ici Paris*, *France-Dimanche*, *L'Express*, *Punch*, *Elle*, *Life* und vielen anderen Zeitungen und Zeitschriften. 1978 erschien seine erste Zeichnung auf einem Titel des *New Yorker;* bis heute sind über 60 weitere gefolgt. Bekannt wurde Sempé vor allem durch seine Publikationen: durch die Abenteuer des *Kleinen Nick*, die Geschichten um *Monsieur Lambert* und die Bücher über seine große Leidenschaft: Musiker und ihre Musik. Gemeinsam mit Patrick Süskind entstand *Die Geschichte von Herrn Sommer* (1991).

112 The New Yorker
17. September 1979
Tusche, Farbkreide und Aquarell
57,5 x 45,0 cm
Galerie Bartsch & Chariau, München
Abb. S. 117

113 The New Yorker
13. Juli 1981
Farbkreiden und Aquarell
59,0 x 44,0 cm
Galerie Bartsch & Chariau, München
Abb. S. 126

114 The New Yorker
12. September 1983
Farbkreide und Aquarell
59,0 x 46,0 cm
Galerie Bartsch & Chariau, München
Abb. S. 128

115 The New Yorker
9. September 1985
Tusche und Aquarell
63,0 x 49,0 cm
Galerie Bartsch & Chariau, München
Abb. S. 136

116 The New Yorker
14. Oktober 1991
Tusche und Aquarell
61,5 x 50,0 cm
Galerie Bartsch & Chariau, München
Abb. S. 155

117 The New Yorker
24. November 1997
Luxurious, Quiet, and Cozy
Aquarell, Tusche, Bleistift, weiß gehöht
53,1 x 42,7 cm
Sammlung Wolf Geyer
Abb. S. 163

Barbara Shermund
(gest. 1978)

Die in San Francisco, Kalifornien, geborene Barbara Shermund studierte an der California School of Fine Arts Malerei, Skulptur, Grafik und Design. Nach ihrem Umzug nach New York zeichnete sie bereits im Gründungsjahr für den *New Yorker.* Bis 1944 erschienen insgesamt neun Titelblätter. Daneben hat Shermund für alle wichtigen Periodika der dreißiger und vierziger Jahre gearbeitet.

118 The New Yorker
3. Oktober 1925
Dancer
Gouache mit Deckweißhöhungen
und Retuschen
44,8 x 32,4 cm
Privatsammlung USA
Abb. S. 89

Gretchen Dow Simpson
(*1939)

Geboren in Cambridge, Massachusetts, studierte Gretchen Dow Simpson an der Rhode Island School of Design. Von

1962 bis 1970 war sie als frei schaffende Fotografin tätig. 1974 erwarb der *New Yorker* ihr erstes Gemälde, das am 19. August 1974 auf dem Titel erschien; bis heute sind mehr als 60 weitere gefolgt. 1994 erschien ihr jüngstes Buch *Gretchen's ABC*; neben all diesen Tätigkeiten ist sie eine vielbeschäftigte Buchillustratorin. Im Internet ist sie unter www.gretchendowsimpson.com zu finden.

119 The New Yorker
9. August 1982
Salem, New York
Acryl
61,0 x 48,0 cm
Gretchen Dow Simpson, Providence, Rhode Island
Abb. S. 130

120 The New Yorker
17. September 1984
Acryl
65,0 x 50,5 cm
Lucy und William Friedman, New York City
Abb. S. 131

Edward Sorel
(*1929)

Geboren 1929 und aufgewachsen in New York. Nach Abschluss an der Cooper Union war er Mitgründer der Push Pin Studios, die preisgekrönte Buchumschläge und Plattenhüllen entwarfen. Später trennte er sich, um sich ganz auf Karikatur und Cartoon zu konzentrieren. Seine Arbeiten erscheinen außer im *New Yorker* unter anderen in: *The Nation, American Heritage, New York Times, Atlantic Monthly, Esquire* und *GQ*. Tina Brown begann ihre Ära als Chefredakteurin mit einem Cover von Sorel: dem inzwischen schon legendären Punk bei einer Kutschfahrt durch den Central Park (Abb. S. 57). Bis heute sind 36 Cover von Sorel erschienen.

121 The New Yorker
16. Juni 1997
Walkers - Gawkers
Tusche und Aquarell
50,8 x 38,1 cm
Carolyn & Thomas Marino, New York City
Abb. S. 62

122 The New Yorker
13. Oktober 1997
Tusche und Aquarell
51,0 x 38,0 cm
Collection Spiesshofer
Abb. S. 173

123 The New Yorker
22. Februar/1. März 1999
City of Dreams
Tusche und Aquarell
53,5 x 41,5 cm
Wilhelm-Busch-Museum Hannover · Deutsches Museum für Karikatur und kritische Grafik
Abb. S. 2

Art Spiegelman
(*1948)

In Stockholm geboren, lebt Art Spiegelman in New York, wo er 1992 den Pulitzer-Preis für den zweiten des bisher in 18 Sprachen übersetzten Comic *Maus* erhielt. Er erzählt darin die Geschichte seines Vaters, eines polnischen Juden, der 1944 nach Auschwitz deportiert wurde. Spiegelman studierte Kunst und Philosophie am Harpur College, Binghampton, New York. Parallel erschienen seine Zeichnungen bereits in Underground-Magazinen wie *East Village Other* oder *The Realist*. 1977 gründete er mit seiner Frau Françoise Mouly *Raw Books & Graphics* und 1980 für avantgardistische Comic-Kunst *RAW*, das sehr schnell zum international führenden Comic-Periodikum avancierte. Seit 1978 lehrt Art Spiegelman Geschichte und Ästhetik des Comic an der Visual School of Arts in New York und an der New York Academy of Arts. Seine Zeichnungen erscheinen regelmäßig in *The Nation, The New York Times* und seit 1993 im *New Yorker*, für den er bisher über 25 Cover gestaltet hat.

124 The New Yorker
17. April 1995
Theology of the Tax Cut
Mischtechnik
35,5 x 28,0 cm
Leihgabe des Künstlers

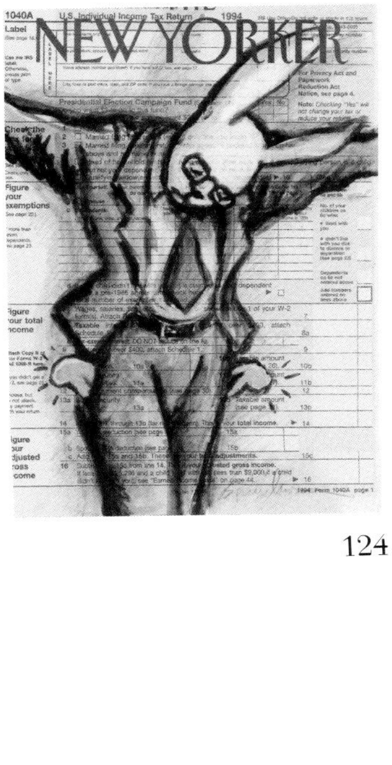

124

125 The New Yorker
24./31. August 1998
Private Lives
Acryl
35,5 x 28,0 cm
Leihgabe des Künstlers
Abb. S. 167

126 The New Yorker
8. März 1999
41 Shots, 10 cents
Acryl
35,5 x 28,0 cm
Leihgabe des Künstlers
Abb. S. 65

William Steig
(*1907)

Geboren in Brooklyn, New York City, in einer Künstlerfamilie: Seine Eltern, seine Geschwister und später auch seine Ehefrauen sowie seine eigenen Kinder waren und sind künstlerisch tätig. Er studierte am City College of New York und an der National Academy of Design. Neben der Herausgabe zahlreicher, zum Teil mit anerkannten Preisen ausgezeichneten Büchern arbeitete Steig für die unterschiedlichsten Magazine und Periodika. Sein erstes Cover für den *New Yorker* erschien 1932 – und bis heute dauert die Zusammenarbeit an, womit er mit knapp 120 Titelblättern zugleich der am längsten für das Magazin zeichnende Künstler ist. Steig arbeitet auch als Bildhauer, seine Holzskulpturen finden sich unter anderem im Rhode Island Museum in Providence.

127 The New Yorker
20. August 1966
Tusche, Aquarell und Gouache
38,0 x 28,1 cm
Prints & Photographs Division, Library of Congress
Abb. S. 76

128 The New Yorker
6. Juli 1968
Tusche, Aquarell und Gouache
35,3 x 27,1 cm
Prints & Photographs Division, Library of Congress
Abb. S. 84

129 The New Yorker
1. November 1969
Tusche und Aquarell
35,5 x 26,0 cm
Sammlung Monica Searle
Abb. S. 82

130 The New Yorker
29. Mai 1971
Tusche und Aquarell
28,0 x 20,0 cm
Collection Spiesshofer
Abb. S. 123

131 The New Yorker
29. Mai 1978
Tusche und Aquarell
28,0 x 21,0 cm
Collection Spiesshofer

131

132 The New Yorker
18. September 1978
Tusche und Aquarell
28,0 x 21,0 cm
Collection Spiesshofer

132

133 The New Yorker
5. Juli 1982
Tusche und Aquarell
29,0 x 22,0 cm
Collection Spiesshofer
Abb. S. 127

134 The New Yorker
18. April 1988
Tusche und Aquarell
29,0 x 24,0 cm
Galerie Bartsch & Chariau, München
Abb. S. 139

135 The New Yorker
28. November 1988
Tusche und Gouache
34,0 x 24,5 cm
Wilhelm-Busch-Museum Hannover ·

Deutsches Museum für Karikatur und kritische Grafik
Abb. S. 138

Saul Steinberg
(1914–1999)

Als Sohn eines Pappschachtelfabrikanten im rumänischen Râmnicul-Sarat bei Bukarest geboren, studierte er in Bukarest Psychologie und Soziologie. Während eines Aufenthalts in Mailand von 1932 bis 1942 fügte er ein komplettes Studium der Architektur an. Neben seiner Arbeit als Architekt veröffentlichte er erste Zeichnungen in der humoristischen Wochenschrift *Bertoldo.* 1941 wanderte er in die USA aus, wo er schnell Mitarbeiter des *New Yorker* wurde. Seine Cartoons und seine von 1945 bis zu seinem Tod veröffentlichten 85 Cover prägten wesentlich das künstlerische Gesicht des Magazins. Er gestaltete Wandbilder für den Pavillon der USA auf der Brüsseler Weltausstellung, für Schiffe der American Export Lines und für ein Hotel in Cincinnatti.

136 The New Yorker
1. Juli 1967
Entstanden 1965
Tusche, Kreide und Aquarell
58,4 x 40,3 cm
The Estate of Saul Steinberg
Abb. S. 83

137 The New Yorker
31. Januar 1970
Yesterday – Today – Tomorrow
Entstanden 1969
Tusche, Aquarell und Ölkreiden
53,0 x 36,0 cm
Privatsammlung Köln
Abb. S. 108

138 The New Yorker
6. Juni 1970
Öl auf Leinwand
44,0 x 32,0 cm
Collection Spiesshofer
Abb. S. 109

139 The New Yorker
18. Juli 1970
Tusche, wenig Farbkreiden und Aquarell
55,3 x 39,3 cm
Wilhelm-Busch-Museum Hannover · Deutsches Museum für Karikatur und kritische Grafik
Abb. S. 110

140 The New Yorker
6. Januar 1975
(Variante)
Tusche, Bleistift, Kreide und Stempel
50,2 x 33,0 cm
The Estate of Saul Steinberg
Abb. S. 170

141 The New Yorker
20. Oktober 1975
Bleistift, Kreide und Tusche mit collagierten Teilen
50,8 x 38,1 cm
The Estate of Saul Steinberg
Abb. S. 119

142 The New Yorker
3. Mai 1976
Tusche, Gouache und Kreide, collagiert
49,5 x 36,9 cm
The Estate of Saul Steinberg
Abb. S. 118

143 The New Yorker
7. Januar 1980
(Variante)
Entstanden 1977
Bleistift und Farbkreiden
29,5 x 21,0 cm
Privatsammlung München
Abb. S. 124

144 The New Yorker
28. April 1994
Faserstift und Kreide mit collagierten Teilen
50,8 x 35,6 cm
The Estate of Saul Steinberg
Abb. S. 162

James Thurber
(1894–1961)

Geboren am 8. Dezember 1894 in Columbus, Ohio, studierte Thurber an der dortigen Universität bis 1919. Von 1927 bis 1933 gehörte er zum Redaktionsstab des *New Yorker.* Erste Kurzgeschichten und Illustrationen entstanden; 1931 veröffentlichte das Magazin den ersten seiner zahlreichen Cartoons. Titelblätter hat er dagegen nur sehr wenige gezeichnet: zwischen 1936 und 1946 erschienen sechs Cover. Zu den von Thurber veröffentlichten Büchern gehören *The Seal in the Bedroom* und in Deutschland *Rette sich wer kann!* Der Titel eines seiner Bücher, *Men, Women and Dogs,* umschreibt zugleich ein zentrales Thema seines Werkes.

145 The New Yorker
9. Februar 1946
Westminster Dog Show
Tusche über Bleistift; Randstreifen links: Gouache, Tusche, Farbstifte (von fremder Hand)
47,4 x 38,1 cm
Privatsammlung South Heaven, Michigan
Abb. S. 145

Mark Ulriksen
(*1957)

Ulriksen graduierte 1980 in Visual Communications an der California State University. Er arbeitet als freiberuflicher Künstler in Kalifornien für Zeitschriften wie *Time*, *GQ*, *Esquire*, *Newsweek* oder *Playboy* und für das *New York Times Magazine* sowie für verschiedene Theater und Verlage wie Viking Penguin Books. Von 1990 bis 1993 war er Associate Art Director des *San Francisco Focus Magazine*. Für den *New Yorker* hat er seit 1994 14 Cover gezeichnet. Im Internet ist er unter www.markulriksen.com zu finden.

146 The New Yorker
11. Juli 1994
The Big Splash
Acryl und Öl
56,0 x 44,0 cm
Leihgabe des Künstlers
Abb. S. 158

147 The New Yorker
16. Januar 1995
I Had a Dream
Acryl
50,0 x 40,0 cm
Privatsammlung New York City
Abb. S. 160

148 The New Yorker
10. Juni 1996
Tee Time
Acryl und Gouache
64,0 x 51,0 cm
Leihgabe des Künstlers
Abb. S. 166

Die Autoren

Lee Lorenz
siehe Künstlerbiografien

Françoise Mouly
Geboren in Paris, dort Architekturstudium an der École Nationale Superieure des Beaux Arts. 1977 Mitinitiatorin von *Raw Books & Graphics* in New York. 1980 gemeinsam mit ihrem Ehemann Art Spiegelman Gründung des Avantgardemagazins für Comic-Kunst, *RAW*. Seit 1993 Art Editorin des *New Yorker*.

Lothar Müller
Geboren 1954, Redakteur im Literaturblatt der *Frankfurter Allgemeinen Zeitung*. Aufsätze und Rezensionen zur Literatur- und Kulturgeschichte vom 18. bis zum 20. Jahrhundert. Kommentierte Neuausgabe von August Wilhelm Schlegels *Die Gemählde* 1996. *Casanovas Venedig. Ein Reiselesebuch*, 1998. Alfred-Kerr-Preis für Literaturkritik 2000.

Charles D. Saxon
siehe Künstlerbiografien

Christopher Shay
Redaktionsbibliothekar des *New Yorker*. Mitarbeiter des Magazins seit 1978.

Abbildungsnachweis

The Library of Congress, Washington
Abb. S. 20, 21, 28, 29, 33, 38, 39, 41, 43, 46, 47, 49, 50, 54, 69, 70, 76, 84 und 92

The Museum of the City of New York
Abb. S. 5, 12, 13, 15 und 22

The New York Public Library
Abb. S. 51, 99, 122 und 140

Syracuse University Art Collection, Syracuse, New York
Abb. S. 34, 35, 37, 44, 75 und 97

The Estate of Saul Steinberg
Abb. S. 83, 118, 119, 162 und 170

Ronald Searle
Abb. S. 79, 116 und 137

The Condé Nast Publications Inc., New York
Abb. S. 56, 57, 59, 61-63, 65, 153 und 164-167

Alle anderen Reproduktionsvorlagen: Leihgeber und Wilhelm-Busch-Museum Hannover

Abb. S. 25 und 53 aus: *Seasons at the New Yorker. Six Decades of Cover Art.* Ausstellungskatalog, New York 1984

Abb. S. 26, 178, 179, 181-187, 189, 190, 191 und 194 aus: *The Complete Book of Covers from The New Yorker 1925-1989,* New York 1989

Impressum

Wilhelm-Busch-Museum Hannover ·
Deutsches Museum für Karikatur und kritische Grafik
Georgengarten, 30167 Hannover
Telefon 05 11 / 71 40 76
Telefax 05 11 / 7 01 12 22
www.wilhelm-busch-museum.de
information@w-busch-museum.h.shuttle.de

Abbildungen auf dem Umschlag

Ian Falconer, *The New Yorker,* 15. Februar 1990 (Kat. 48)
Rea Irvin, *The New Yorker,* 21. Februar 1925

Herausgegeben von Gisela Vetter-Liebenow

Redaktion
Monika Herlt

Übersetzung aus dem Englischen
Susanne Dickerhof-Kranz

Grafische Gestaltung
Konnertz Buchgestaltung Köln

DTP
Hans Joachim Maschek-Schneider, Köln

Gesamtherstellung
Dr. Cantz'sche Druckerei, Ostfildern-Ruit

Reproduktion
Schwabenrepro, Stuttgart

Buchbinderische Verarbeitung
Verlagsbuchbinderei Dieringer, Gerlingen

Umschlag
Högerle / Beneke / Lingnau

Konzeption von Ausstellung und Katalog
Gisela Vetter-Liebenow

Ausstellungssekretariat
Monika Herlt

Presse- und Öffentlichkeitsarbeit
Martina Hoffmann

Museumspädagogik und Besucherservice
Marianne Menze

Ausstellungstechnik
Rolf Heinemann

Video-Animation, visuelles Konzept und grafische Gestaltung der Ausstellung
Eberhard Högerle, Alexander Beneke und Martin Lingnau, Hochschule Harz

Erschienen im
Hatje Cantz Verlag
Senefelderstraße 12
73760 Ostfildern-Ruit
Tel. 0711 - 4 40 50
Fax 0711 - 4 40 52 20
Internet www.hatjecantz.de

ISBN 3-7757-0948-7
Printed in Germany

Die Deutsche Bibliothek – CIP-Einheitsaufnahme
Großstadtfieber: 75 Jahre The New Yorker;
[Wilhelm-Busch-Museum Hannover, 15.7.–10.9.2000;
Schloß Gottorf, Schleswig, 24.9.–5.11.2000] /
hrsg. von Gisela Vetter-Liebenow.
Mit Beitr. von Lee Lorenz ...
[Übers. aus dem Engl.: Susanne Dickerhof-Kranz]. –
Ostfildern-Ruit: Hatje Cantz, 2000
ISBN 3-7757-0948-7